Philosophie en séries

Saison 2

Philosophie en séries

Saison 2

Thibaut de Saint Maurice

Professeur de Philosophie en lycée

ellipses

Collection « Culture pop »
dirigée par Thibaut de Saint Maurice

Philosophie en séries, Thibaut de Saint Maurice, Ellipses, 2009.

- *24 Heures Chrono* – la morale, le devoir
- *Alias* – le sujet, la conscience
- *Desperate Housewives* – le bonheur
- *Dexter* – la justice
- *Dr House* – la raison et le réel, la vérité
- *Grey's Anatomy* – le travail
- *Les Experts* – la démonstration, théorie et expérience
- *Lost* – la société
- *Nip/Tuck* – la matière et l'esprit
- *Prison Break* – la liberté
- *Rome* – l'histoire
- *Six Feet Under* – l'existence et le temps
- *The Soprano* – l'inconscient

ISBN 978-2-7298-6060-8

32, rue Bargue 75740 Paris cedex 15

www.editions-ellipses.fr

« Ce qui se passe chaque jour et qui revient chaque jour, le banal, le quotidien, l'évident, le commun, l'ordinaire, l'infra-ordinaire, le bruit de fond, l'habituel, comment en rendre compte, comment l'interroger, comment le décrire ? »

Georges Perec, « Approches de quoi »,
in *L'Infra-ordinaire*, Le Seuil, 1989.

Table des matières

Précédemment dans Philosophie en séries... 9

Season Premiere – Continuer... 11

Comment gouverner des hommes bêtes ? 17
Kaamelott
La bêtise, le pouvoir et le rire

Nos vies sont-elles déjà écrites ? 27
Lost
Le destin et la liberté

Qu'est-ce qu'être une femme au milieu de tous ces « mad men » ? 37
Mad Men
Le genre, l'ordre social

Éduquer, est-ce plutôt interdire ou plutôt permettre ? 47
Fais pas ci, fais pas ça
L'éducation

Qu'échange-t-on la nuit, à Pigalle ? 57
Pigalle, la nuit
Les échanges

Les vampires peuvent-ils redevenir des hommes comme les autres ? 67
True Blood
L'humanité, autrui, la morale

Quelle éthique pour les hommes politiques ? 77
À la Maison Blanche
L'éthique et la politique

Un braquage permet-il de laver son honneur... quand on est flic ? 89
Braquo
L'honneur, la liberté et l'égalité

Nurse Jackie : le cœur du *care* ... 99
Nurse Jackie
L'éthique du *care*

Sous l'Occupation, habiter un village français, est-ce être libre ou être enchaîné ? ... 109
Un Village français
La liberté

L'anarchie selon le SAMCRO, est-ce l'ordre ou le chaos ? ... 119
Sons of Anarchy
L'anarchie, l'État, la liberté

Y a-t-il des guerres justes ?
Étude de cas : *Generation Kill* et la guerre d'Irak ... 131
Generation Kill
La guerre, la justice

***Season Finale* – Philosophie et culture de masse** ... 145

Bibliographie et sitographie sur les séries ... 147

Index des notions philosophiques étudiées ... 149

Index des séries étudiées ... 150

Remerciements

Cette 2e saison n'aurait pas vu le jour sans la ténacité de Laurence Chagneau, sans la confiance et l'amitié de Sandra Laugier et de Marjolaine Boutet, sans la bienveillance d'Ali Rebeihi, sans l'exigeante relecture de Pierre, sans les « poussières » d'Alain et Soline, sans l'enthousiasme de mes élèves et sans l'amour de Flore, mon amour...

Précédemment dans Philosophie en séries...

En plus de sauver le monde en 24 heures chrono, Jack Bauer a pris le temps de rencontrer Emmanuel Kant et John Stuart Mill pour parler sens du devoir et théorie morale. Les disparus du vol *Oceanic 815* ont eu à choisir entre « *vivre ensemble ou mourir seul* », confrontés qu'ils étaient au problème de la coopération sociale. Le philosophe Arthur Schopenhauer a fait ses premiers pas à Wisteria Lane et révélé tout le tragique de l'existence de ces femmes au foyer qui entretiennent des rêves de bonheur inaccessibles. D'autres philosophes, Spinoza, Kierkegaard, Locke et Merleau-Ponty par exemple ont rencontré Michael Scofield, la famille Fisher, Sydney Bristow ou Christian Troy... Bref, avec la 1re saison de *Philosophie en séries*, les séries sont entrées en philosophie et la philosophie s'est installée dans les séries.

Après des années de recherche et d'hésitation quant à sa vocation, on s'est ainsi rendu compte que la télévision arrivait à maturité et qu'elle avait su s'approprier la forme sérielle héritée de la littérature en en démultipliant les genres et les potentiels. Elle a fait de cette forme le symbole d'une authentique qualité culturelle et artistique, et les séries sont aujourd'hui les œuvres les plus pratiquées de la culture de notre temps. Sans relâche, elles interrogent les grands problèmes de l'existence humaine et de son rapport aux autres et au monde. Elles sont les récits à travers lesquels notre époque post-moderne se raconte et se reconnaît, constituant ainsi, épisode après épisode, une mythologie originale.

Il faut donc désormais compter avec la télévision et avec ces séries qu'elle ne cesse de créer et de renouveler. Et continuer à ignorer ou à mépriser ces fictions, du fait de leur caractère divertissant ou de leur diffusion massive par la télévision, est aussi primaire que de penser que son petit frère ou sa petite sœur peut dessiner comme Picasso...

Season Premiere

Continuer...

Les séries ne sont pas des fictions comme les autres et si l'on continue de s'y intéresser ce n'est ni le fait du hasard, ni l'effet de la mode. Il ne s'agit pas non plus seulement d'un prétexte pédagogique pour « faire passer » la difficulté de certaines théories ou l'abstraction de certains concepts philosophiques. Non, vraiment pas. Les séries télévisées, précisément parce qu'elles sont des séries, ont une forme tout à fait singulière qui recèle un potentiel philosophique unique. Sans entrer dans une étude esthétique détaillée, on peut s'arrêter sur deux points pour le montrer[1]. D'abord parce que l'art de la série est un art de la *complexité* et ensuite parce qu'elle est un art de la *continuité*.

Un art de la complexité

La première condition d'une série, c'est de se construire dans le temps. Même si leur nombre peut varier d'une série à l'autre, il n'y a pas de série sans une succession d'épisodes rendant possible un visionnage régulier sur une période donnée : une ou plusieurs saisons. Ce temps dans lequel se déploie la série est en fait le temps dont a besoin la fiction pour développer des intrigues d'une grande complexité. Il permet une véritable construction puis de subtiles évolutions des personnages, là où au cinéma ou au théâtre par exemple, le temps limité de la fable ne permet, le plus souvent, que la mise en scène de types invariants ou susceptibles d'un seul retournement spectaculaire. Dom Juan reste, du début jusqu'à la fin de la pièce, ce « *grand seigneur méchant homme* » que décrit Sganarelle.

1. Une étude précise de la forme des séries télévisées a été faite par Vincent Colonna, dans son excellent livre : *L'Art des séries télé*, Payot, 2010. On peut aussi se reporter sur ce point à Jean-Pierre Esquenazi, *Les Séries télés*, Armand Colin, 2010.

Et *a contrario*, quand Coppola veut faire le portrait d'un parrain de la mafia dans toute sa complexité, il est obligé d'en prendre le temps : 3 films d'environ 3 heures chacun... Dans une série on a toujours le temps de voir le détail, de suivre un personnage sur une hypothèse, puis de le voir renoncer et partir sur une autre piste. Les situations dans lesquelles ils se retrouvent, les choix qu'ils font, les conséquences qu'ils assument ou qu'ils refusent... Tout cela a le temps d'être décrit, de rebondir à plusieurs épisodes d'intervalle au sein d'une même saison et d'être ainsi porté à la réflexion du spectateur. Contrairement à ce que l'on pense trop souvent, la série télévisée n'abrutit pas celui qui la regarde, mais au contraire elle est obligée de faire travailler son spectateur et de maintenir son esprit constamment en éveil, parce qu'elle lui impose une grande variété de situations, de personnages, dans différents arcs narratifs et même parfois à différentes époques, ce qui confère à son récit une densité unique. Dans des registres très différents, des séries comme *Urgences, 24 heures chrono, Lost, Prison Break, True Blood* ou *Mad Men* reposent sur cet art de la complexité au point qu'au bout de quelques épisodes il devient difficile d'en faire un résumé pertinent et fidèle à l'intention de la série.

Tous ces rebondissements enrichissent peu à peu l'expérience du spectateur et affinent la perception qu'il peut avoir des situations rencontrées. Sur le plan moral par exemple, cela se traduit pour le spectateur par une véritable instruction de son jugement dans la mesure où il a été rendu plus attentif, par la succession des épisodes et par la proximité qu'elle implique avec les personnages, au détail de leur choix, à leurs raisons et à leurs conséquences[1]. Non pas que les séries « donnent des leçons de morale », mais elles invitent plutôt le spectateur, après qu'il s'est projeté dans la situation fictive, à un retour sur lui-même pour réfléchir au choix qu'il aurait fait dans cette situation. En cela, les séries, à un plus haut degré encore que les fictions plus limitées dans le temps, instruisent le spectateur en stimulant sa réflexion critique et en affinant sa sensibilité et peuvent,

1. Voir sur ce point l'analyse passionnante de Sandra Laugier dans son article « Les Séries télévisées : éthique du *care* et adresse au public » publié dans la revue *Raison publique*, n° 11, octobre 2009. Voir aussi un peu plus loin le chapitre sur la série *Nurse Jackie*.

finalement, « *le rendre meilleur* » pour reprendre le titre d'un livre du philosophe américain Stanley Cavell [1].

Un art de la continuité

Il n'y a pas de série sans répétition. La série, quel que soit son genre – formule ou feuilleton –, implique une récurrence des personnages, des situations voire parfois de la forme même de l'épisode ou de la saison. Quand on regarde *Dr House*, on s'aperçoit rapidement que chaque épisode est construit sur la même structure narrative tandis que dans une série comme *Mad Men* c'est moins la structure narrative qui importe que la récurrence des personnages. C'est cette répétition qui inscrit les personnages dans une grande familiarité avec le spectateur. Au bout de plusieurs saisons, on a accumulé une mine d'informations sur chaque personnage et sur le détail de sa vie. En se répétant, la série donne accès à l'ordinaire de la vie des personnages, à ce quotidien décrit par Perec comme « *ce qui se passe chaque jour et qui revient chaque jour, le banal, le quotidien, l'évident, le commun, l'ordinaire, l'infra-ordinaire, le bruit de fond, l'habituel* [2] ». Souvent la fiction met en scène le spectaculaire, l'insolite ou l'extraordinaire précisément au point que l'on oublie peu à peu l'ordinaire qui constitue pourtant la trame de fond de l'existence. Les séries ont le temps de montrer les deux, l'extraordinaire et l'ordinaire, et la répétition est la condition pour que derrière le détail on puisse déceler l'habitude. Greg House a beau être un médecin génial, confronté à des cas proprement extraordinaires, il quitte toujours l'hôpital seul, il joue souvent du piano la nuit : l'armure épaisse d'ironie laisse apparaître quelques fragilités, et la description du personnage s'affine en le présentant aussi avec ses habitudes. La répétition de la série rend donc possible la mise en scène de ces « *choses communes* » qui parlent enfin de « *ce que nous sommes* », comme l'explique Perec.

Ainsi la forme sérielle rend possible la représentation d'un réel qui, la plupart du temps, nous échappe. Du coup le grand divertissement que

1. Cavell S., *Le cinéma nous rend-il meilleurs ?*, Bayard Culture, 2010.
2. Perec G., « Approches de quoi », in *L'Infra-ordinaire*, Le Seuil, 1989.

procurent les séries n'est pas réductible à une évasion superficielle vers des univers imaginaires, mais constitue plutôt le moyen de nous mettre « *face à face avec la réalité même* », comme l'écrivait le philosophe Bergson à propos des œuvres d'art[1]. Parce qu'elles sont elles-mêmes des récits continus et parce qu'elles accompagnent le spectateur dans le quotidien de son existence, les séries que l'on prend le temps de suivre s'intègrent peu à peu à l'ordinaire de l'existence, pour, le révéler et le réenchanter simultanément.

***

Écrire la suite. Reprendre l'idée de départ, répéter des codes, des situations, des répliques, en introduisant cependant ce qu'il faut de différence et de nouveauté pour continuer d'aiguillonner l'intérêt. Creuser les lignes déjà dessinées, mais ne pas tout révéler d'un coup au risque d'éteindre le récit. Faire en sorte, enfin, que la suite jette une nouvelle lumière sur ce qui précède et fasse considérer les choses encore autrement.

Telles sont les contraintes qui s'imposent à tout créateur de série lorsqu'il se lance dans l'écriture d'une 2e saison. Telles sont aussi les attentes des spectateurs quand ils découvrent la 2e saison de leur série favorite. Tout est là : la réussite de la continuité d'une série se joue dans la conciliation de l'exigence de répétition et de celle d'innovation. Puisqu'il s'agit ici de proposer une 2e saison, il faut donc tenter de satisfaire ces deux exigences.

Sans surprise, on retrouvera donc, dans les chapitres qui suivent, la même intention que dans la 1re saison de *Philosophie en séries* : philosopher autrement en regardant la télévision autrement. Prendre le temps de laisser infuser le questionnement philosophique dans ce que la télévision, depuis une vingtaine d'années, produit de meilleur : les séries. Continuer de montrer ainsi que ces séries, par la forme de leur récit, par les intrigues

1. Bergson H., *Le Rire*, chap. 3, PUF-Éditions du centenaire, p. 462.

qu'elles nouent et dénouent, par les thèmes qu'elles abordent, aussi bien que par la complexité de leur personnage, mettent en scène les grandes questions de l'existence : celles que la philosophie ne cesse pas de vouloir réfléchir pour rendre les hommes capables de conduire leur vie en telle sorte qu'elle n'ait pas de pouvoir sur eux, comme le voulait Descartes [1].

En guise d'innovation, les chapitres qui suivent proposent l'analyse de 12 séries parmi lesquelles certaines séries françaises. Après avoir longtemps été critiquées pour leur manque d'audace et de complexité narrative, les productions françaises rattrapent leur retard sur leurs cousines américaines. Si les choses ont changé, c'est que les chaînes françaises ont enfin compris que face à la concurrence d'autres écrans, leur survie passait par une politique de création originale et qu'il fallait donc se donner des moyens de production plus ambitieux. Heureuse coïncidence de la contrainte économique et de l'exigence de création !

Les questions philosophiques abordées dans les chapitres ne font plus directement référence au programme de philosophie de la classe de Terminale. L'approche est plus libre mais l'exigence reste toujours de stimuler le jugement critique et de conduire à la lecture de textes plus ou moins classiques.

Bien que le goût personnel intervienne toujours, les critères du choix des séries présentées ici restent globalement les mêmes que pour la 1re saison de *Philosophie en séries* :

1. La plupart des séries retenues pour cette 2e saison sont en cours de diffusion en France ou bien disponibles en DVD. Elles sont donc facilement accessibles même si certaines sont moins connues que ne l'étaient celles de la 1re saison.

2. Les séries retenues bénéficient d'une reconnaissance commune des critiques spécialistes de la télévision et du grand public.

---

1. « *J'ai tâché de conduire ma vie en telle sorte qu'elle n'eut aucun pouvoir sur moi* » Descartes, *Lettre à Chanut*, 31 mars 1649.

3. Elles s'inscrivent toujours dans le même système de production : celui dans lequel l'auteur/le créateur est au centre de la création de l'œuvre, assurant ainsi une cohérence narrative et esthétique.

4. Ce sont enfin des séries récentes, toutes produites dans les dix dernières années.

Pour certains chapitres et dans un souci de cohérence, l'analyse se concentre uniquement sur la 1re saison, voire sur les premiers épisodes de la 1re saison. Alors certes on s'empêche ainsi d'analyser les évolutions et les complexités qui naissent de la continuité vers une 2e, 3e ou 4e saison. Mais d'une part les chapitres proposés sur chaque série ne prétendent pas à l'exhaustivité de l'analyse et d'autre part il est en fait difficile de définir avec précision à partir de quand le travail critique peut-il intervenir à propos des séries : à partir d'un épisode ? d'une demi-saison ? d'une saison entière ? ou faut-il même attendre que la série soit terminée pour pouvoir en parler ? En l'absence de règle claire et peut-être devant l'impossibilité d'en édicter une, puisque les séries sont très différentes entre elles, on continue donc à privilégier l'analyse de la 1re saison.

Note sur les citations extraites des séries : dans la mesure du possible nous citons les séries en anglais et nous donnons la traduction du sous-titrage français. Chaque citation est suivie de deux chiffres (par exemple 1×3), le premier renvoie au numéro de la saison et le second au numéro de l'épisode.

Comment gouverner des hommes bêtes ?

KAAMELOTT

✓ La bêtise, le pouvoir et le rire

« *Si Joseph d'Arimathie n'a pas été trop con,*
vous pouvez être sûr que le Graal, c'est un bocal à anchois »
Perceval (I×32)

« *Les gars du coin, franchement, ce n'est pas vraiment des flèches* »
Père Blaise (VI×7)

« On en a gros ! »

Ce qu'il y a de bien avec les mythes, c'est que chaque époque peut les interpréter à sa manière. Sans aucun complexe et avec un grand talent, Alexandre Astier s'empare de la légende du roi Arthur et des chevaliers de la Table ronde pour créer *Kaamelott*, une série d'aventures, parodique et décalée, faisant la part belle au rire à travers des dialogues et des situations irrésistibles. Si les thèmes et les motifs traditionnels de la légende arthurienne sont bien présents (Excalibur, Merlin, la quête du Graal...), si presque tous les personnages sont bien attestés, la série est surtout l'occasion d'une mise en scène de la difficulté d'exercer une autorité royale et de fédérer des hommes autour d'un projet commun.

Autorité, projet collectif, est-ce à dire que derrière les situations comiques, l'enjeu de *Kaamelott* est d'abord un enjeu politique ? De fait, entre deux apparitions de la Dame du Lac, entre deux scènes de taverne, entre deux enchantements ratés de Merlin, *Kaamelott* s'installe comme la chronique du règne du roi Arthur, mais d'un Arthur fatigué par la bêtise de ses sujets. Les hommes choisis et promus par Arthur au début de son règne se révèlent de piètres soutiens dans le projet d'unification de la Bretagne et dans la quête du Graal. Surtout, là où on attend des héros, on découvre des hommes paresseux, sans courage ni honneur, incapables, du fait de leur bêtise, de comprendre le projet politique d'Arthur. Et quand l'un d'entre eux y parvient, Lancelot, c'est finalement pour mieux trahir et renverser Arthur.

Tel est le ressort comique essentiel de la série : la mise en scène, continue et détaillée, du vaste répertoire de la bêtise humaine. À cette bêtise omniprésente et infinie, Arthur répond par une exaspération permanente, le menant à la longue, dans le livre V, à jeter l'éponge et à abandonner le trône. Qu'est-ce donc que cette bêtise dont *Kaamelott* tient la chronique pendant six saisons ? Et au fond, pourquoi est-ce si difficile de gouverner des hommes bêtes ? La bêtise ne devrait-elle pas au contraire faciliter l'exercice du pouvoir en rendant les hommes dociles et inoffensifs ?

Kaamelott ou le royaume de la bêtise

La série commence par un tout premier épisode — immédiatement devenu culte — qui pose d'emblée le problème de la bêtise des seigneurs qui entourent le roi Arthur. Intitulé « La Carte », cet épisode raconte comment, en pleine bataille, le roi et son bras droit Lancelot tentent d'expliquer au chevalier Perceval la nécessité d'un mouvement de ses troupes à partir d'une carte du champ de bataille. On lui demande de « soulever des archers » pour mettre un terme à l'avancée des guerriers pictes et angles. Perceval commence par confondre les angles de la carte et les Angles, présents sur le champ de bataille, puis il ne comprend pas ce que signifie « *soulever* » des archers. Il n'en faut pas plus pour que le spectateur reconnaisse en Perceval un champion de la bêtise. L'analyse est simple : il ne « *comprend rien à rien* » comme dit Arthur, il est donc bête. Plus tard, dans un épisode toujours aussi mémorable, Perceval tentera de masquer son incompréhension de certains mots en utilisant, sur les conseils de son compère

Karadoc, l'expression « *c'est pas faux* ». La bêtise est-elle pour autant réductible à une simple incompréhension ou à un simple défaut d'intelligence ? À bien observer Perceval et Karadoc, Yvain et Gauvain, Dagognet ou Bohort, à les observer sur le temps long de la série et à voir tous les stratagèmes qu'ils trouvent pour se défiler dès lors qu'une mission leur est confiée ou les oppositions qu'ils expriment dès lors qu'Arthur avance une idée nouvelle, ne faut-il pas reconnaître que la bêtise procède plus de la paresse et du manque d'ambition combinés que de l'ignorance ou de la stupidité ?

Sans savoir s'il a suivi assidûment la série, on peut demander à Clément Rosset, un philosophe français contemporain (né en 1939), quelques précisions sur cette question qu'il aborde en guise de conclusion de son livre *Le Réel : traité de l'idiotie* :

> « *Il n'est pas du tout évident que la sottise doive être définie en fonction de et par rapport à l'intelligence. Il est possible que la question de la sottise soit une question autonome, sans rapports ni frontières communes avec la question de l'intelligence.* [...] *La sottise est donc généralement assimilée à l'inintelligence, considérée comme le contraire de l'intelligence. Ainsi opposera-t-on volontiers, à l'intelligence* attentive, agile, vigilante, *une sottise considérée comme* endormie, anesthésiée, momifiée. [...]
>
> *Mais il y a bien de la différence entre ne pas comprendre et être stupide. Il faudrait peut-être ici distinguer entre "sottise négative" et "sottise positive". La première désigne seulement une non-compréhension, une inintelligence d'une certaine chose : elle n'implique aucune activité, aucune intervention de l'esprit (hors de celle qui consiste à constater : je ne comprends pas) ; elle est pure passivité. La seconde désigne, au contraire, activité et interventionnisme : elle ne consiste pas du tout à ne pas comprendre quelque chose, mais à tirer de son propre fonds quelque idée ou tâche absurde auxquelles elle entreprend de se dévouer corps et âme. On dit donc sans le savoir une vérité profonde lorsqu'on dit d'un imbécile qu'il est positivement crétin : car c'est son activisme qui caractérise l'imbécile, et non la passivité ; en sorte qu'il faut distinguer radicalement entre la simple négativité de l'inintelligence et l'indiscutable positivité de la sottise.* [...] *L'inintelligence subit, la sottise agit : elle garde toujours l'initiative. L'inintelligence est en retrait, se dérobe à un message auquel elle n'entend rien. La sottise, elle, va toujours*

> *de l'avant. L'inintelligence n'est qu'un refus, ou plutôt une impossibilité de participation ; la sottise se manifeste, au contraire, par un perpétuel engagement. L'inintelligence ferme des portes : elle signale l'interdiction de certaines voies d'accès à telle ou telle connaissance, rétrécissant ainsi le champ de l'expérience. La sottise ouvre à tout : faisant de n'importe quoi un objet d'attention et d'engagement possible, elle fournit de l'occupation pour la vie.* »
>
> **Clément Rosset, *Le Réel : Traité de l'idiotie*, © éditions de Minuit, 2004, p. 144 et suivantes.**

■ La bêtise n'est pas le contraire de l'intelligence

Paradoxalement, la bêtise est bien le propre de l'homme ! On ne dit pas, en effet, d'un animal qu'il est bête. Pourtant, par son nom même la bêtise fait référence à l'état animal. Est-ce à dire que l'on est bête, parce que, comme l'animal, on serait moins intelligent ou d'une intelligence limitée ? La bêtise désigne-t-elle, comme on le pense souvent, un manque ou un défaut d'intelligence ? Si tel est le cas, l'homme bête serait en fait un homme « inintelligent », c'est-à-dire qui ne comprend pas ce qu'on lui dit ou ce qu'il fait. C'est sous cette apparence d'inintelligence que Perceval, par exemple, se présente au spectateur de la série. On le trouve bête, parce qu'on le juge limité. Pour Clément Rosset néanmoins, il faut distinguer la bêtise – qu'il nomme sottise – de l'inintelligence. La bêtise n'est pas réductible à l'incompréhension ou au malentendu. De même qu'elle n'est pas réductible à l'ignorance. La bêtise n'est pas une passivité, « une anesthésie » de l'intelligence. Autrement dit, Perceval et les autres chevaliers ne sont pas bêtes parce qu'ils manquent d'intelligence, parce qu'ils ignorent le sens de certains mots ou l'existence de certaines coutumes ou encore parce qu'ils n'ont pas été élevés à Rome (comme Arthur). La bêtise n'est donc ni une question d'intelligence, ni une question d'éducation ou de formation intellectuelle. Si c'était le cas, si le roi Arthur n'était entouré que de personnages limités intellectuellement, ils ne seraient alors pas aussi bavards ni aussi actifs, et surtout, ni même aussi drôles. Il n'y a en effet rien de drôle dans l'inintelligence et dans l'embarras qu'elle suscite : au contraire, l'inintelligence, quand elle surgit, suscite au mieux de la pitié et au pire une moquerie cruelle. Forcée de se découvrir quand on l'interroge de manière inattendue, elle n'est pas loin de confiner au tragique, puisqu'elle manifeste une impuissance native de l'esprit. Au mieux peut-on distinguer ensuite plus finement comme le fait Clément Rosset entre une « sottise négative », réductible à l'inintelligence et une « sottise positive » qui dépasse la simple incompréhension. Si parfois elles se ressemblent, si parfois elles sont confondues, ces deux sottises n'ont pourtant rien à voir : l'une maintenant dans la passivité tandis que l'autre excite l'activité. Quelle est dont la singularité de la bêtise – ou de cette sottise positive dont parle Rosset – et pourquoi est-ce si drôle de la voir représentée ?

La bêtise est une drôle de paresse

« *C'est son activisme qui caractérise l'imbécile* » écrit Clément Rosset, et plus loin : « *La sottise agit : elle garde toujours l'initiative.* » Un homme bête est un homme actif et entreprenant. La bêtise trouve justement sa signature dans cette activité de tous les instants et dans la volonté qui l'accompagne. En fait, l'homme bête ne doute jamais de rien malgré tous les signes qui lui sont envoyés. C'est précisément cela qui conduit au comique. Voir Perceval ne pas comprendre la différence entre les angles de la carte et les Angles ennemis qu'il faut combattre, c'est drôle non pas parce que Perceval atteste par là son manque d'intelligence, mais parce qu'il témoigne ainsi de l'absence totale de doute : il est convaincu que s'il ne comprend pas, c'est la faute d'Arthur et de Lancelot qui expliquent mal, ou de la carte qui n'est pas claire. La bêtise avance donc sous le masque de l'assurance et de l'initiative. Mais prise dans son ensemble, elle est en fait une activité qui repose sur la paresse et l'inertie. Comment comprendre ce point ? Comment comprendre que l'homme bête puisse être un homme d'action paresseux ?

Clément Rosset précise en effet à la fin de l'extrait que « *la sottise ouvre à tout : faisant de n'importe quoi un objet d'attention et d'engagement possible, elle fournit de l'occupation pour la vie* ». Autrement dit, l'« *activisme* » de l'homme bête s'explique principalement comme une incapacité à hiérarchiser les projets et à se concentrer sur le plus important. La bêtise met donc tout au même niveau, sans distinction. Arthur ne parvient pas à concentrer les chevaliers de la Table Ronde sur la quête du Graal car leur bêtise les rend incapables de se concentrer sur une telle mission. On comprend alors que la bêtise repose sur de la paresse car cette ouverture à tout est la meilleure des excuses pour ne pas se lancer dans un véritable projet. Si l'on y regarde de près, les centaines d'épisodes de *Kaamelott* sont autant d'exemples de ces excuses minuscules que l'entourage d'Arthur trouve pour ne pas travailler à la quête du Graal. Ils sont occupés en permanence à des milliers d'affaires sans importance, puisqu'elles sont en total décalage avec la seule occupation valable : la quête du Graal. Perceval et Karadoc, par exemple, perdent leur temps avec des entraînements à de nouvelles techniques de combat toujours plus absurdes[1].

Du coup, rien n'avance, chacun se contente de ce qu'il a et le royaume s'enfonce dans la médiocrité et la division. Lancelot est le premier à ne plus supporter cette paresse et finit par quitter Arthur en emmenant au passage la reine Guenièvre. Dans le livre V, Perceval, Karadoc, Yvain et Gauvain s'enfoncent dans leur bêtise et partent fonder leur propre clan, et Merlin démissionne...

Bien qu'elle ait commencé par être mise en scène de manière à faire rire, la bêtise ambiante du royaume de Kaamelott finit par révéler sa méchanceté et son danger au fur et à mesure que l'on avance dans la série (livres V et VI). Au fond, elle fait chuter les hommes au point qu'ils ne sont plus à la hauteur de leur humanité : les hommes bêtes sont incapables de saisir les occasions de faire preuve d'humanité et c'est bien pour cette raison qu'au fond on les qualifie de « bêtes ». Dans *Kaamelott*, la bêtise fait chuter les chevaliers : voilà des hommes appelés à être des héros et qui n'en saisissent pas l'occasion, montrant ainsi qu'ils ne sont pas à la hauteur du destin qui leur avait été assigné. Entouré de la sorte, on comprend alors

1. Voir par exemple la série des épisodes intitulés « *Unagi* » I, II, III, IV, respectivement dans les livres I, II, III, et IV.

qu'Arthur glisse inexorablement vers la dépression et finisse par abandonner son pouvoir (livre V). Peu à peu et ressaisie sous cet angle, *Kaamelott* ne devient-elle pas dès lors une réflexion sur la possibilité de mener un projet politique collectif ?

La monarchie arthurienne selon *Kaamelott* : miroir ironique de la démocratie

Irrésistiblement, après avoir fait de la mise en scène de la bêtise sa marque de fabrique, *Kaamelott* évolue au cours du livre III, jusqu'à la dispute entre Lancelot et Arthur, vers une mise en scène des conséquences politiques de la bêtise. Lancelot part parce qu'il reproche à Arthur son mode de gouvernement et la stratégie de la table ronde : « *Vous n'êtes pas de taille pour mener la quête du Graal, vous n'avez pas les épaules. De plus comme vous êtes incapable de vous séparer de la bande de pantins ridicules qui vous sert de gouvernement, vous passez pour un faible et un laxiste aux yeux du peuple et des pays voisins* » (III×98 « La Dispute I »). Lancelot met directement en cause le choix fait par Arthur de conduire la quête du Graal comme une quête collective en y associant tous les chevaliers. Pour lui, il faudrait plutôt se débarrasser des plus nuls et ne poursuivre qu'avec les meilleurs. Dans la 2e partie de la série, après en avoir été le bras droit, Lancelot s'impose peu à peu comme un concurrent d'Arthur, incarnant une autre vision du pouvoir, plus personnelle, plus absolue et finalement tyrannique, comme le montrent les quelques images du tout dernier épisode de la série : Lancelot, devenu roi, pourchasse tous les anciens membres du gouvernement du royaume de Kaamelott. L'opposition Arthur/Lancelot permet en fait de décaler les lignes politiques. Au prisme des critiques de Lancelot, le régime monarchique mis en place par Arthur prend des couleurs de démocratie, tandis que le régime voulu par Lancelot prend celle de la véritable monarchie absolue voire de la tyrannie, c'est-à-dire du pouvoir d'un seul. La clef de cette opposition est dans la fondation même du régime arthurien et du principe de la Table ronde, mais dans *Kaamelott*, il faut attendre le 3e épisode du livre VI pour la comprendre. Comme le livre VI raconte la jeunesse d'Arthur et la manière dont il est devenu roi de Bretagne, c'est ici que l'on nous montre comment il a réuni autour de lui cette « *risible compagnie de crétins* » comme l'appelle Lancelot. Au moment de devenir roi de Bretagne, alors qu'il est encore à Rome, Arthur charge Merlin de faire passer un message à tous les Bretons, riches ou pauvres, faibles ou puissants. Il leur demande de se distinguer par des faits d'armes ou une quête, de montrer leur valeur et dit ainsi à Merlin : « *Vous leur laissez entendre que les meilleurs d'entre eux seront choisis pour gouverner avec moi* » (VI×3). Arthur veut changer les choses et ne pas répéter la manière dont le pouvoir à Rome est monopolisé par des élites. Dans son esprit, tous les Bretons peuvent prétendre à devenir chevalier, il suffit juste qu'ils manifestent leur résolution et leur mérite. Un peu plus tôt dans la série, au livre III (mais un peu plus tard dans son règne), lors d'une discussion avec Lancelot, il avait déjà exprimé son souhait de tenir compte de tout le monde : « *Un par un c'est facile d'être digne. La difficulté c'est de mettre tout le monde au niveau* [...] *Apporter la lumière ! C'est pour que tout le monde y voie !* » (III×32). Ces valeurs d'égalité des chances et de reconnaissance du mérite sont en fait celles d'un démocrate, telles qu'elles peuvent être définies par un philosophe comme Aristote (IVe siècle av. J.-C.) au moment où il réfléchit aux avantages qu'il y a à donner la souveraineté à tous les hommes libres. Au chapitre 11 du IIIe livre des *Politiques*, Aristote propose l'analyse suivante :

> « *Sur quoi les hommes libres, c'est-à-dire la masse des citoyens — tous ceux qui ne sont ni riches, ni pourvus d'aucuns titres à aucune excellence — doivent-ils être souverains ? D'un côté, en effet, les admettre aux plus hautes magistratures n'est pas sans péril, du fait que leur injustice et leur déraison leur feront commettre, l'une des actes injustes, l'autre des erreurs. Mais d'un autre côté, ne leur concéder aucune part du pouvoir est redoutable : quand beaucoup de ses membres sont privés des honneurs publics et misérables, il est inévitable qu'une cité soit remplie d'ennemis. Il reste donc à faire participer ces gens-là aux fonctions délibératives et judiciaires.* [...] *En effet, quand ils sont tous réunis, ils possèdent une juste perception des choses, et mélangés aux meilleurs ils sont utiles aux cités* [...]. »
>
> **Aristote, *Les Politiques*, III, 11, 1281b, trad. Pierre Pellegrin, © Garnier-Flammarion, 1993.**

Peut-être la belle Aconia a-t-elle fait lire ce texte d'Aristote à Arthur, lorsqu'elle devait le former pour qu'il puisse devenir *dux bellorum* (chef de guerre). En tout cas, on y retrouve une analyse qu'Arthur aurait pu faire et qui explique la mise en place de son système de gouvernement. Aristote précise bien que, si tout le monde est associé au gouvernement, il y a un risque inévitable de « *déraison* » et d'« *injustice* », ce que nous pouvons appeler aussi la « *bêtise* ». Mais en même temps, c'est le meilleur moyen d'unifier un peuple (et *a fortiori* des peuples, comme en Bretagne) en évitant que des ennemis se multiplient en son sein. Enfin, ce système repose surtout sur l'idée que, malgré le risque de leur bêtise individuelle, « *tous réunis, ils* [les hommes ?] *possèdent une juste perception des choses* ». Le principe de la Table ronde repose sur cette idée généreuse. Arthur explique d'ailleurs qu'il veut une table ronde pour que chacun y soit assis à égalité, afin qu'il n'y ait personne qui préside et personne qui ne soit rejeté en bout de table. Autrement dit, malgré les inégalités persistantes dans le royaume de Kaamelott (entre les « pécores » et les seigneurs, les servantes et les maîtres, les hommes et les femmes), on peut voir en Arthur le porteur d'un idéal politique progressiste qui se traduit essentiellement par la mise en place d'une forme primitive de démocratie à travers l'institution de la Table ronde [1].

Le drame, qui confine au tragique, c'est que cette tentative échoue : l'inertie de la bêtise des chevaliers de la table ronde est finalement la plus forte et semble donner raison à Lancelot et à ses envies de tyrannie. Sous cet angle, *Kaamelott* révèle sa portée politique : la mise en scène parodique d'une monarchie, d'un roi et de chevaliers, est en fait l'occasion d'une réflexion sur la démocratie et sur la possibilité d'un projet politique réunissant des hommes ordinaires, potentiellement justes et raisonnables, mais aussi potentiellement bêtes. Et pour l'heure, sur les six saisons de la série, c'est plutôt le pessimisme qui l'emporte.

---

1. Arthur est aussi un roi progressiste pour les réformes qu'il propose : il a aboli l'esclavage et la torture, il souhaiterait abolir la peine de mort, mais il se heurte à l'inertie de son entourage, notamment de son beau-père Léodagan et de sa belle-mère Séli...

Le rire et la philosophie : même combat ?

Malgré son glissement progressif vers plus de gravité et de noirceur, on rit beaucoup en regardant *Kaamelott* et l'on rit surtout de cette bêtise qui n'en finit pas de faire ses dégâts. De Socrate et de sa célèbre ironie qui n'hésitait pas à réduire ses interlocuteurs à leur propre bêtise en les plongeant dans l'embarras, en passant par Kant et son combat contre la paresse et la lâcheté de l'homme mineur[1], sans oublier Nietzsche pour qui la fonction de la philosophie est de « *nuire à la bêtise*[2] », les philosophes ont toujours inscrit leur activité dans la perspective d'une lutte résolue contre la bêtise humaine. L'arme de la philosophie, c'est le questionnement et la critique. L'arme du rire, c'est la démystification et le ridicule. Grâce au rire qu'elle déclenche, la série *Kaamelott* manifeste une véritable intention philosophique. En faisant le choix de représenter la bêtise humaine et ses conséquences sur le mode comique, chaque épisode permet de mieux s'en protéger en la ridiculisant. À défaut de pouvoir nous en guérir, le rire peut nous éloigner de la bêtise et éviter ainsi que l'on y cède trop souvent. Preuve encore que le divertissement n'a rien de superficiel mais qu'il recèle une véritable portée critique.

Références

Titre original	*Kaamelott*
Créée par	Alexandre Astier
Nombre de saisons	6 saisons – 458 épisodes (3 min 30 livres I à III, 3 min 30, 7 min livre IV, 7 min livre V, 40 min livre VI)
1re diffusion	3 janvier 2005 (France) sur M6
Vidéographie (zone 2)	1 coffret DVD par saison (1 à 6) M6 Vidéo

1. Kant, *Qu'est-ce que les Lumières ?*
2. Nietzsche, *Le Gai Savoir*, § 328.

Nos vies sont-elles déjà écrites ?

LOST

✓ Le destin et la liberté

« *Don't mistake coincidence for fate* » John Locke[1] (3×5)

Le fil rouge de la destinée

Parmi les séries de ces dernières années, *Lost* est assurément celle qui assume le plus explicitement ses prétentions philosophiques. Il y a d'abord tous ces personnages – Locke, Rousseau, Hume, Bakounine... – qui portent des noms de philosophes. Il y a ensuite ces problèmes moraux et métaphysiques qui constituent directement les ressorts de chaque saison : le problème de la coopération sociale à l'état de nature (saison 1), la confrontation entre la foi et la rationalité à propos d'un bouton sur lequel il faut appuyer toutes les 108 minutes (saison 2) ou encore la question du rapport au temps et à l'espace (saisons 4 et 5) puis le choix entre le bien et le mal (saison 6). Mais plus fondamentalement, chacune de ces questions n'est que le développement d'une question qui traverse l'ensemble de la série et qui lui donne – malgré tout – sa cohérence : celle du destin.

Des premiers épisodes jusqu'aux derniers, en effet, les personnages comme les spectateurs comprennent peu à peu que, même si tout le détail de ce qui arrive n'est pas toujours expliqué, une chose est sûre : ce qui

1. « *ne confondez pas coïncidence et destin.* »

arrive n'est jamais le résultat du hasard et il y a toujours une raison, « *a good reason* » comme le croit Locke. Sur l'île, il n'y a pas de place pour les coïncidences, et chacun des personnages a en fait été choisi par Jacob, le gardien de l'Île, en tant que candidat à sa possible succession. Autrement dit, tout semble avoir été prévu, et en fait, tout se passe comme si les existences de Jack, Locke, Hugo, Sayid, Jin et les autres ne pouvaient que les conduire à se retrouver sur cette île. Même Jack, le médecin qui ne se fiait qu'à la raison scientifique, finit par croire au destin, dans sa lente évolution des saisons 4 et 5, quand il se persuade peu à peu qu'il faut retourner sur l'Île, puis qu'il faut faire exploser la bombe. De l'autre côté, en bonne figure d'opposition, Sawyer continue de refuser cette idée de destin : « *I don't speak destiny, what i do understand is that a man does what he does because he wants something for himself*[1] » (5×17) et continue ainsi à incarner l'idéal d'indépendance de la liberté individuelle moderne : faire ce que l'on veut au nom de son propre intérêt. Mais sur l'Île, une telle liberté est-elle possible ?

La liberté : l'impossibilité d'une île ?

Croire au destin et croire à la liberté seraient donc deux croyances incompatibles. Il semble difficile, en effet, de concilier la croyance selon laquelle tout ce qui arrive était prévu et déterminé à se produire par une puissance supérieure avec celle qui affirme qu'on est libre d'agir au gré de sa volonté. Quand on croit au destin, on oublie la condition première de la liberté : la contingence, c'est-à-dire la possibilité que ce qui arrive dans le monde puisse ne pas avoir lieu ou puisse avoir lieu autrement. De fait, pour être libre de faire quelque chose, par exemple de prendre de la tarte au citron en dessert, encore faut-il qu'il soit possible de prendre un autre dessert ou de ne pas en prendre du tout. Si le destin existe, ces deux possibilités sont strictement impossibles puisqu'il est écrit depuis toujours qu'on allait choisir la tarte au citron.

1. « *Je ne crois pas au destin, ce que je crois c'est qu'un homme fait ce qu'il fait parce qu'il a intérêt à le faire.* »

Or tout se passe sur l'Île comme s'il n'y avait pas de contingence et comme si seule régnait la nécessité, c'est-à-dire l'impossibilité que ce qui arrive n'arrive autrement. Mais si c'est effectivement le cas, si tout arrive pour une bonne raison, si tous ces personnages ont été choisis et si tous obéissent à leur destin, alors en s'écrasant sur cette île, les survivants n'ont-ils pas surtout perdu leur liberté ? Comment, en effet, concilier le destin et la liberté ? Pourtant, dans le finale de la série, Jack et après lui Hugo semblent agir librement quand ils décident de prendre la succession de Jacob et de protéger l'île. D'ailleurs, Jacob, à ce moment, leur rappelle : « *I want you to have the one thing I have never had: the choice*[1] » (6×15) ? De leur côté, Kate et Sawyer font le choix de quitter l'île en allant retrouver Lapidus, Miles et Richard dans l'avion. Mais ces choix n'étaient-ils pas inscrits depuis le début dans l'être même de ces personnages ? Puisque rien n'arrive par hasard sur cette île, ces derniers choix eux-mêmes ne signifient-ils pas finalement le consentement des personnages à leur destin ? Est-il seulement possible de concilier la liberté des hommes et la nécessité du monde ?

Leibniz : le personnage manquant du casting

On a parfois reproché à *Lost* sa complexité narrative. Pour certains, il devenait même difficile de suivre la série dans ses développements des saisons 5 et 6. Non seulement les personnages voyageaient dans le temps et dans l'espace, mais en plus ils étaient transportés dans des réalités parallèles : les fameux *flashsideways* de la saison 6, si difficiles à interpréter. En fait, la complexité narrative de *Lost* est l'expression d'une complexité métaphysique au sens strict. La métaphysique est la description et l'analyse de la réalité non matérielle du monde et des êtres. Autrement dit, c'est la réponse à une double question : pourquoi y a-t-il quelque chose plutôt que rien et pourquoi ce qui est est-il comme il est ? D'une certaine manière, *Lost* pose ces deux questions. Et sa complexité narrative permet de tester quelques hypothèses de réponse, de telle sorte que s'il est bien difficile

1. « *Je veux vous offrir la seule chose que je n'ai jamais eue : le choix.* »

de donner une interprétation générale de la série et d'éclaircir tous les mystères, on peut néanmoins considérer ce récit comme un laboratoire de métaphysique appliquée.

Ainsi parmi tous les philosophes qui prêtent leurs noms à des personnages de la série, il est assez surprenant de ne pas trouver celui de Leibniz (1646-1716). *Lost* permet pourtant de tester l'hypothèse que ce philosophe allemand et grand métaphysicien fait à propos de la conciliation entre la nécessité de l'ordre du monde et la liberté humaine. Pour Leibniz en effet, l'ordre du monde est un ordre nécessaire, qui ne peut être autrement car il a été choisi et voulu par Dieu comme étant le meilleur. Dans ce monde-là comme sur l'île, il paraît bien difficile de faire exister quelque chose comme une liberté. Mais d'un autre côté, l'analyse précise de la logique du monde permet de penser que tout ce qui arrive aux hommes n'est pas absolument nécessaire et qu'il y a ainsi une place pour la liberté. La conciliation pensée par Leibniz repose sur « l'argument des mondes possibles », une expression qui s'intègre déjà parfaitement à l'univers fantastique de *Lost*. Il formule cet argument notamment dans un texte de 1689 dont le titre, *De la liberté, de la contingence et de la série des causes, de la providence*, aurait fait un bon sous-titre pour notre série. En voici le début :

> *« C'est pour le genre humain une très vieille question, de savoir comment maintenir la liberté et la contingence en même temps que la série des causes et la providence. Et la difficulté s'est accrue avec les interrogations des chrétiens sur la justice de Dieu dans la dispensation du salut aux hommes.*
>
> *Pour moi, qui prenais en considération que rien n'arrive par hasard, ni par accident sauf relativement à certaines substances particulières, que la fortune distinguée du destin n'est qu'un vain mot, et que rien n'existe sans réquisits posés singulièrement mais qui pris tous ensemble font, chacun pour sa part, qu'une chose existe, je m'éloignais peu de la doctrine de ceux qui jugent que toutes choses sont absolument nécessaires, estiment qu'il suffit à la liberté d'être garantie de la contrainte, bien qu'elle soit soumise à la nécessité, et ne distinguent pas l'infaillible, c'est-à-dire le vrai connu avec certitude, du nécessaire.*

Mais je fus retiré de cet abîme par la considération de ces possibles qui ne sont, ne seront ni n'ont été, car si certains possibles n'existent jamais, alors les existants ne sont pas toujours nécessaires, autrement il serait impossible que d'autres existent à leur place ; qui plus est, jamais aucun existant ne serait impossible ; et en vérité l'on ne peut nier que toutes ces fables que l'on nomme romans ne soient possibles ; bien qu'elles ne trouvent pas place dans cette série de l'univers que Dieu a choisie, sauf à imaginer que cette immensité d'espace et de temps contient des contrées inventées par les poètes, qui nous font voir, errants de par le monde, les Artus roi de Grande-Bretagne, Amadis des Gaules et Théodoric de Vérone des contes germaniques. »

Leibniz, « De la liberté, de la contingence et de la série des causes, de la providence », in *Discours de Métaphysique*, © Garnier-Flammarion, 2001, pp. 327-328.

Dans ces trois paragraphes, Leibniz avance de manière très synthétique la solution qu'il a trouvée pour concilier la liberté avec le déterminisme et la providence. Pour lui, l'enjeu est certes métaphysique, mais surtout théologique car il s'agit de comprendre quel jugement Dieu peut bien rendre si les hommes ne sont pas libres et, à ce titre, ne sont pas responsables de leurs actions...

■ L'ordre nécessaire du monde

Dans ce premier paragraphe, Leibniz commence par rappeler ses positions déterministes et même fatalistes. Pour lui, « *rien n'arrive par hasard* » dans ce monde et tout ce qui arrive, arrive de manière nécessaire. La fortune et le destin sont les mêmes choses, les actions d'une personne ne sont que le développement de sa propre essence. C'est pourquoi le monde de *Lost* lui aurait sans doute plu car sur l'île aussi rien n'arrive par hasard et tout ce que font les personnages ou tout ce qui leur arrive paraît déjà écrit, voire inscrit en eux depuis toujours, comme nous le font comprendre les *flashbacks* et les *flashforwards*. C'est pour cette raison que Desmond ne peut rien faire, au fond, pour sauver Charlie.

Mais pourquoi le monde obéit-il à la nécessité ? D'où vient qu'il n'y ait pas de hasard ? Comment expliquer que les hommes ne puissent pas faire ce qu'ils veulent et qu'ils n'aient pas liberté d'être autre que ce qu'ils sont ? À l'origine, cela dépend de Dieu. Leibniz explique que Dieu a choisi, parmi tous les mondes possibles, celui qu'il a jugé comme étant le meilleur. Dieu a choisi le monde dans lequel la combinaison des êtres qui le peuplent était la plus parfaite. À partir de là, rien n'arrive par hasard et tout a une bonne raison d'arriver – même si on ne la connaît pas toujours – car tout a été choisi par Dieu. Et Dieu ne choisit jamais au hasard : ce serait le signe d'une imperfection de son choix. Le choix divin est donc le choix d'une série d'êtres compatibles entre eux et dont la connexion exprime la perfection divine. Chaque être, puisqu'il est lié aux autres par le choix de Dieu, exprime à son tour les autres êtres choisis par Dieu. Cette interconnexion des êtres, Leibniz la nomme « entr'expression » et elle est le signe d'une harmonie. N'est-ce pas exactement de ce système dont nous parle *Lost* et que nous comprenons enfin au cours des deux dernières saisons ?

Dans les saisons 5 et 6, on comprend enfin que la nécessité selon laquelle tout arrive depuis le début n'est que l'effet d'un plan choisi par Jacob ou par l'île (on ne sait pas vraiment qui tire les ficelles en dernier ressort). Ainsi quand les personnages pensent avoir le choix, ils subissent en fait sans le savoir un ordre prédéterminé comme le montrent les épisodes 16 et 17 de la saison 5 au cours desquels l'on voit Jacob venir toucher – physiquement – chacun des candidats à un moment précis de leur vie antérieure, signe qu'ils ont été choisis pour faire partie du monde de l'île. Cette immense aventure qu'est *Lost* n'est en fait rien d'autre que le déploiement de destinées croisées qui se répondent les unes les autres et qui expriment l'harmonie de l'ensemble. Sur le plan narratif, cela se traduit par le recours aux *flashbacks, flashforwards*, et *flashsideways* : que ce soit dans le passé, dans le futur ou dans une réalité parallèle, les existences de tous ces personnages sont toujours liées et tout ce qui arrive les oriente vers une même fin... (nous sommes bien ici dans un système leibnizien).

Bien que *Lost* soit beaucoup de choses à la fois et que l'on ne puisse s'en tenir avec certitude à une seule interprétation, cette dimension est bien présente dans l'œuvre et offre une mise en scène efficace de l'ordre métaphysique pensé par Leibniz. Mais les personnages qui évoluent dans un tel univers déterminé peuvent-ils encore être libres ? Comment concilier l'ordre divin et la liberté humaine ?

■ L'argument des mondes possibles

La solution avancée par Leibniz mérite d'être lue dans le détail. Elle se situe au début du troisième paragraphe et repose sur la considération des mondes possibles mais non existants, c'est-à-dire sur la considération des mondes qui n'ont pas été choisis par Dieu, bien qu'ils soient possibles, simplement parce qu'ils n'étaient pas les plus parfaits. Expliquons :

Un monde, c'est une série d'êtres compatibles entre eux et dont la connexion générale cause un ensemble d'événements. Leibniz appelle ces êtres des « possibles ».

Dieu choisit parmi plusieurs mondes possibles le meilleur des mondes et fait donc exister tous les êtres possibles qui appartiennent au monde qu'il a choisi.

Du coup il y a des êtres possibles qui existent et puis des êtres possibles mais qui n'existent pas car ils appartiennent à des séries qui n'ont pas été choisies. Là est le cœur de l'argument : « *Si certains possibles n'existent jamais alors les existants ne sont pas toujours nécessaires.* » En effet, est nécessaire ce qui ne peut pas être autrement. Tous les êtres existants échappent donc à la nécessité absolue grâce aux possibles non existants. Les possibles non existants sont la preuve que les possibles existants peuvent être autrement. Ils sont donc la preuve qu'ils sont contingents et, à ce titre, que leur liberté est possible.

Dans le monde ordonné par Jacob, il est apparemment nécessaire que Jack arrive sur l'île, s'y adapte, la laisse le changer, en reparte puis y revienne pour prendre la suite de Jacob. Il était donc apparemment nécessaire que le vol *Oceanic 815* s'écrase sur l'île, c'est-à-dire qu'il ne pouvait en être autrement. Or la saison 6 propose justement la mise en scène d'une réalité alternative, c'est-à-dire d'un autre monde possible (décrit dans les *flashsideways*) dans lequel le vol *Oceanic 815* ne s'écrase pas. Il était donc tout à fait possible, comme le montre la réalité alternative de la saison 6, de combiner ces êtres d'une autre manière. Dès lors toutes les possibilités non existantes valent comme autant de garanties que les possibles existants ne sont pas absolument nécessaires, bien qu'ils le soient moralement, puisque le monde choisi par Dieu est le meilleur. En toute logique, le choix de Dieu n'entraîne pas de nécessité absolue mais seulement une nécessité morale. La contingence est donc logiquement sauve et la liberté des hommes est possible... métaphysiquement parlant. À qui le contesterait ou l'oublierait, Leibniz oppose dans la fin du texte les romans et leurs fables. Est-ce à dire que les fictions créées par l'homme ont une portée métaphysique ?

■ Métaphysique de la fiction

« *On ne peut nier que toutes ces fables que l'on nomme romans ne soient possibles, bien qu'elles* [ne] *ne trouvent pas place dans notre série de l'univers que Dieu a choisie.* » Les romans sont des mondes possibles mais incompatibles (Leibniz dit « incompossibles ») avec le monde choisi : ils ne peuvent donc exister. La fiction peut reconstituer ces possibles non existants et garantir ainsi la contingence du monde réel et la liberté des hommes. Leibniz leur reconnaît une logique interne qui leur donne une valeur explicative pour mieux comprendre le monde existant. Voila donc justifiée la portée philosophique et même proprement métaphysique des fictions en général et des séries en particulier. Elles donnent à lire, à voir et à entendre des univers possibles dont l'analyse permet de mieux comprendre le monde réel et notamment de mieux cerner la liberté des êtres qui le composent. Le divertissement, de détour, que proposent les fictions a donc une fonction libératrice et non, comme on le pense trop souvent, une simple fonction d'évasion ou de soulagement par rapport à la réalité. À ce titre, et encore une fois, *Lost* n'est pas une série comme les autres. Non seulement elle fonctionne pour le spectateur comme un monde possible lui permettant de mieux comprendre le monde dans lequel il vit, mais plus encore et dans la saison 6 elle crée sa propre fiction et invente un monde alternatif à son propre monde, permettant ainsi aux personnages (et aux spectateurs qui en avaient bien besoin) de mieux comprendre ou du moins de mieux interroger l'univers dans lequel ils ont évolué. N'est-ce pas le sens de ces brutales remémorations des derniers épisodes qui submergent les personnages et qui leur font revivre les grands moments de leur passage sur l'île ? On comprend ainsi qu'en sa dernière saison *Lost* est une série réflexive qui se prend elle-même comme objet (de pensée) et qui fait de la question de sa signification — que ne manquent pas de se poser tous les spectateurs assidus de la série — le sujet même du récit. Les personnages eux-mêmes s'interrogent sur le sens de ce qu'ils ont vécu, et il n'est d'ailleurs pas certain qu'ils y trouvent toujours des réponses...

***Lost*, une méta-série**

Au carrefour de la métaphysique et de la fiction, *Lost* est au fond une « méta-série ». Tant dans la forme que dans le fond, son récit a une portée métaphysique. Et dans le même temps, c'est une série qui fait réfléchir à ce que c'est qu'une série. Perdus pendant six saisons sur l'île, les personnages, comme les spectateurs, ont eu à s'interroger sans cesse sur le sens de ce qu'ils vivaient, se demandant notamment si tout cela obéissait à un ordre ou n'était que pure coïncidence. Sans aucun complexe, les créateurs de cette série ont fait rejouer à leurs personnages toutes les grandes problématiques de l'existence, jusqu'à celle, ultime, de la liberté, du destin et du sens de l'existence. Mais ce faisant, les créateurs de la série ont aussi raconté l'histoire de la création d'une série, c'est-à-dire d'un ensemble de personnages possibles, confrontés à un ensemble d'événements possibles et que l'on choisit de faire se rencontrer en un monde précis. De fait, la relation entre Jacob et les survivants n'est-elle pas une belle métaphore de la relation entre les auteurs de la série et les personnages qu'ils ont choisis ? Tous décident de leur sort mais garantissent en même temps leur liberté de personnages de fiction en inventant, à la fin de l'histoire, une autre histoire...

Références

Titre original	*Lost*
Titre français	*Lost, les disparus*
Créée par	J.J. Abrams, Damon Lindelof, Jeffrey Lieber
Nombre de saisons	6 saisons – 121 épisodes (série terminée en 2010)
1re diffusion	2004 (États-Unis) sur ABC, 2005 (France) sur TF1
Vidéographie (zone 2)	1 coffret DVD par saison (1 à 6) 1 coffret Intégral Buena Vista Home Entertainment

Qu'est-ce qu'être une femme au milieu de tous ces « mad men » ?

MAD MEN

✓ Le genre, l'ordre social

« Honestly, why it is that every time a man takes you up for lunch around there, you are the dessert? »
Peggy Olson [1] (1×2)

Back to the 60's

Au jeu des correspondances, si *Mad Men* était une boisson, ce ne serait pas le whisky que les personnages de la série boivent pourtant sans modération, mais plutôt le thé. Comme le thé que l'on doit laisser infuser quelques minutes pour que s'en révèle toute la saveur discrète, il faut laisser le temps de quelques épisodes à cette série pour qu'infusent son charme discret et le décalage singulier de sa mélancolie. Et de même que le thé, chargé de théine, peut réveiller ou tenir éveillé celui qui le boit, *Mad Men*, et son portrait sans compromis de la société du début des années 60, peut réveiller ou tenir éveillé le spectateur du début du XXIe siècle en lui faisant mesurer la puissance du changement social ou au contraire toute l'ampleur de l'inertie sociale. Le récit principal est centré sur Don Draper,

1. *« Franchement, pourquoi ici, à chaque fois qu'un homme vous invite à déjeuner, vous êtes le dessert ? »*

directeur artistique de l'agence de publicité Sterling Cooper, que l'on suit dans sa vie professionnelle et dans sa vie personnelle. On croise aussi ses collègues de travail, sa secrétaire Peggy Olson, sa femme Betty, ses voisins, sa maîtresse... Mais à travers tous ces personnages et le récit de leurs aventures, *Mad Men* est surtout la chronique d'une époque, de son mode de vie, de ses mœurs, de ses aspirations et des changements qui commencent à se faire sentir.

Alors si, à l'échelle de l'histoire, cinquante ans c'est peu ; quand on regarde *Mad Men*, on se dit pourtant que cinquante ans ça peut faire beaucoup. Cela suffit en tout cas pour faire apparaître certaines différences significatives entre la société d'hier et la société d'aujourd'hui. La première chose qui frappe, c'est la consommation de tabac et d'alcool. Tout le monde fume dans les années 60, tout le temps et partout. De même, aller se servir un verre quand on entre dans le bureau d'un collègue semble être de l'ordre du réflexe. Et comme dans *Mad Men*, les personnages passent leur journée à entrer et à sortir des bureaux des uns des autres, ils passent leur journée à boire. Mais ce qui frappe tout de suite après le tabac et l'alcool et qui va se révéler être un des enjeux majeurs de la série, c'est le rapport entre les hommes et les femmes. *Mad Men* décrit frontalement une société résolument sexiste au sein de laquelle les femmes sont réduites à l'état de simples objets, à une époque où « *les hommes étaient des hommes et les femmes portaient des jupes* », comme on peut le lire sur la jaquette du coffret DVD de la 1re saison. Plusieurs personnages féminins incarnent différentes figures de soumission : Peggy la secrétaire, Betty ou Judy les épouses modèles, Midges et Rachel les maîtresses soumises au désir de l'homme, Joan, le fantasme vivant etc.

Plusieurs lectures peuvent être faites de la série *Mad Men* : on peut s'intéresser à la description qui est donnée de la société de consommation à travers les campagnes élaborées par l'agence ; on peut se concentrer sur le mystère qui entoure le personnage de Don Draper ; et l'on peut même, du fait de la qualité de la reconstitution, regarder la série pour ses costumes, ses décors et son esthétique hyper-stylisée. Mais si l'on s'intéresse plus particulièrement à la description de la place de la femme dans cette société-là, il faut alors commencer par s'interroger : comment est-il possible que les femmes acceptent un ordre social aussi inégalitaire ? Être une femme, est-ce nécessairement être dominée comme le sont, au début de la série, Peggy la secrétaire de Don ou Betty son épouse ?

Masculin/féminin : une différence naturelle ou culturelle ?

Réfléchir à la place des femmes dans la société décrite par *Mad Men* suppose d'abord de comprendre ce qui est en jeu dans la différence que l'on fait spontanément entre l'homme et la femme et dans celle que l'on fait entre le masculin et le féminin. En fait cela demande de distinguer entre le sexe et le genre.

Le sexe d'une personne désigne l'ensemble des différences biologiques, anatomiques et physiologiques distinguant les mâles des femelles. Du point de vue de leur sexe donc, la différence entre l'homme et la femme ne semble pas poser de problème : ils sont différents parce qu'ils ne possèdent pas les mêmes organes et n'ont donc pas les mêmes fonctionnalités. Mais le genre d'une personne renvoie plutôt aux différences idéologiques, morales et sociales qui permettent d'opposer un masculin et un féminin. Le genre se traduit en un ensemble de normes qui s'imposent à l'individu et qui permettent d'achever sa définition en tant qu'homme ou en tant que femme. Toute la question est alors de savoir si ces différences sont naturelles ou culturelles ? Ou bien le genre est inscrit dans le sexe et du moment que l'on naît avec un sexe féminin on développera alors naturellement les qualités morales et sociales propres à la féminité, ou bien le genre ne dépend en rien du sexe mais n'est que le résultat d'une construction sociale. Autrement dit, on peut reprendre la question du genre avec les mots bien connus de la grande philosophe féministe Simone de Beauvoir (1908-1986) et demander : naît-on femme, ou le devient-on ?

Les philosophes, les sociologues et les psychologues apportent deux types de réponse à cette question : une réponse naturaliste et une réponse culturaliste.

Pour les naturalistes, le genre est inscrit dans le sexe, il en est un développement naturel et cela signifie donc qu'il existe une nature féminine rassemblant des qualités morales et sociales que toute femme doit posséder pour être pleinement femme. Le philosophe Rousseau (1712-1778), par exemple, décrit dans son roman *La Nouvelle Héloïse* des qualités qui seraient naturellement féminines : la propension au don de soi, la douceur et la modération dans les sentiments, le plaisir de plaire... De même, dans *Mad Men*, le gynécologue que Peggy va consulter sur les conseils de Joan et qui affirme pourtant ne pas porter de jugement sur ses patientes estime qu'il y a bien un rapport entre le fait d'être une femme et le fait d'avoir certains comportements et certaines qualités ou perversions morales (1×1). Il accepte de lui prescrire la pilule mais à la condition qu'elle se comporte convenablement. Il faut comprendre : il accepte de lui prescrire la pilule mais à la condition qu'elle parvienne à se maîtriser et à ne pas perdre sa vocation naturelle de femme en accumulant les conquêtes et en oubliant ainsi sa destination d'épouse et de mère. De manière générale, les hommes dans *Mad Men* véhiculent – sans toujours en être conscient – une conception naturaliste du genre comme le montre bien la scène de réflexion autour de la campagne pour le déodorant Gillette (1×2) et qui tourne autour de ce que veulent les femmes.

Pour les culturalistes à l'inverse, si la différence entre les sexes relève plutôt de données naturelles, la différence entre les genres n'est qu'une pure construction sociale. Elle est donc historique, relative et modifiable. Dès le XVIe siècle, Montaigne (1533-1592) résumait bien cette position : « *Je dis que mâles et femelles sont jetées en même moule ; sauf l'institution et l'usage, la différence n'y est pas grande*[1]. » Le genre est entièrement relatif à un contexte donné et si donc, quand on est femme, on développe telle ou telle qualité, ce n'est pas par nature, mais parce que l'on a été éduqué de cette manière ou que la société attend cela de nous. De ce point de vue, c'est donc l'éducation et les attentes sociales qui construisent les hommes comme des êtres virils et les femmes comme devant être féminines. Il n'y a donc pas de nature féminine, ni d'« éternel féminin ». D'une certaine manière

1. Montaigne, *Les Essais*, livre III, chap. 5.

cette conception se trouve illustrée par les créatifs de Sterling Cooper, mais presque malgré eux, quand ils analysent les deux modèles de féminité qu'incarnent respectivement Jackie Kennedy et Marilyn Monroe. S'il y en a deux, c'est donc que la variation des modèles est possible et qu'il y a plusieurs manières d'être femme et non pas une seule qui serait dictée par la nature.

Ainsi la relation homme/femme se pense donc assez nécessairement sur le registre de la différence. Les hommes et les femmes sont des êtres différents. Mais la reconnaissance de cette différence doit-elle nécessairement impliquer une hiérarchie ? Parce qu'ils sont différents, faut-il que l'homme soit supérieur à la femme ou que la femme soit supérieure à l'homme ?

Mad Men et *Sad Women* : la domination masculine *made in America*

Puisque *Mad Men* se propose d'explorer le fonctionnement et les mutations de la société américaine du début des années 60, pourquoi ne pas demander à un sociologue comme Pierre Bourdieu (1930-2002) d'analyser les positions occupées par quelques-unes des femmes de la série ? Dans son livre *La Domination masculine*[1], Bourdieu explique en effet comment les hommes ont transformé une simple variation biologique, le sexe, en différence significative et comment ensuite ils en ont déduit une hiérarchie et donc le principe d'une domination du masculin sur le féminin. En fait, les hommes ont réussi à « éterniser » ce qui n'était qu'arbitraire, à savoir la différence anatomique entre l'homme et la femme. Dans toute société humaine, Bourdieu assure qu'il y a un processus de déhistoricisation de la domination masculine, c'est à dire une tendance à nier le caractère relatif et historique de la domination masculine, pour le présenter comme un fait naturel, établi de toute éternité :

> *« La force particulière de la sociodicée masculine lui vient de ce qu'elle cumule et condense deux opérations : elle légitime une relation de domination en*

1. Bourdieu P., *La Domination masculine*, coll. Liber, © Éditions du Seuil, 1998, *Points Essais*, 2002.

> *l'inscrivant dans une nature biologique qui est elle-même une construction sociale naturalisée*[1]. »

Ainsi les hommes mettent en place des stratégies de justification, ce que Bourdieu appelle ici la « sociodicée », pour faire disparaître les traces de la construction de cette domination et pour faire accepter leurs privilèges. La première de ces stratégies et la plus puissante consiste à renvoyer les différences entre les hommes et les femmes qui ont été construites au fil du temps à des différences de nature. Dire qu'il existe une « nature féminine » et une « nature masculine » et que le rapport entre les deux est un rapport naturel de supériorité du masculin sur le féminin est en effet un bon moyen d'éviter les contestations et de faire sinon adhérer du moins se résigner les dominées à cette domination. Bourdieu appelle précisément « violence symbolique » cette violence insensible et invisible pour ses victimes, mais qui s'exerce tout de même sur elles et par laquelle elles adoptent cette vision androcentrique d'elles-mêmes et du monde. Dans la série, Betty Draper – la femme de Don – et son amie Francine donnent un bon exemple de cette violence symbolique lorsqu'elles discutent pour la première fois de l'arrivée dans le voisinage de Helen Bishop, une jeune femme divorcée (1×2). Francine demande : « *Can you imagine worring about money at this point of our lives*[2]. » Dire cela suppose que l'on n'ait pas d'autres revenus pour subvenir à ses besoins que ceux de son mari. Et qu'il est donc inenvisageable de vivre seule puisqu'il est impossible d'être indépendante. N'est-ce pas là très précisément l'exact argument masculin : une femme ne peut pas divorcer sans risquer d'avoir des problèmes d'argent car ce n'est pas un être fait pour travailler mais pour être entretenu. Après l'analyse de l'hypothèse générale, on peut s'intéresser au détail du fonctionnement de cette domination masculine :

> « *La domination masculine, qui constitue les femmes en objets symboliques, dont l'être (*esse*) est un être-perçu (*percipi*), a pour effet de les placer dans un état permanent d'insécurité corporelle ou, mieux, de dépendance symbolique : elles existent d'abord par et pour le regard des autres, c'est-*

---

1. *Ibid.*, p. 40.
2. « *Peux-tu imaginer avoir des soucis d'argent à l'âge que nous avons ?* »

à-dire en tant qu'objets accueillants, attrayants, disponibles. On attend d'elles qu'elles soient "féminines", c'est-à-dire souriantes, sympathiques, attentionnées, soumises, discrètes, retenues, voire effacées. Et la prétendue "féminité" n'est souvent pas autre chose qu'une forme de complaisance à l'égard des attentes masculines, réelles ou supposées, notamment en matière d'agrandissement de l'ego. En conséquence, le rapport de dépendance à l'égard des autres (et pas seulement des hommes) tend à devenir constitutif de leur être. »

Pierre Bourdieu, *La Domination masculine*, coll. Liber, © Éditions du Seuil, 1998, *Points Essais*, 2002, p. 98.

Quels sont les effets de la domination masculine ?

Devenir un objet symbolique

Sous l'effet de la domination masculine, la femme devient purement et simplement un objet symbolique. Cela signifie qu'elle n'existe plus pour l'homme que comme un objet, c'est-à-dire un être dépourvu de volonté, dépendant et fonctionnel. Cette transformation a lieu singulièrement par l'effet du regard masculin sur le corps féminin. Être femme devient alors être perçu : n'exister plus que dans et par le regard des hommes, être mais être passivement. La plupart des personnages féminins de *Mad Men* ont subi cette transformation. Betty, la femme de Don, avait même fait de cet être perçu sa position sociale puisque c'est une ancienne mannequin [1]. Joan, la « chef des secrétaires », subit elle aussi cette objectivation symbolique mais elle s'en contente totalement et joue même avec, en telle sorte qu'elle parvient parfois à reprendre la main, notamment par le jeu de la séduction et de la repartie. Enfin au début de la 1re saison, à la fin de l'épisode 2, on assiste en direct à la transformation de Peggy, la nouvelle secrétaire de Don, en objet symbolique, dans une scène magistrale où elle est l'objet des regards de tous les hommes qui passent, au ralenti, tandis qu'une chanson rappelle : « *I can see you no matter how near you'll be.* »

1. Dans l'épisode 6, discutant avec son ami Francine de ses séances de thérapie, elle lui raconte que son thérapeute passe la séance à la regarder. Au lieu de s'en offenser elle s'en réjouit : « *And as far I'm concerned , as long a man look at me in this way, I'm earning my keep* ». « *Être regardée de cette manière avoue-t-elle, c'est sa raison d'être* ».

Correspondre aux attentes des hommes

Être femme signifie sans complexe aucun : correspondre aux attentes des hommes. C'est pour cela que quand les « mad men » se demandent ce que veulent les femmes, ils n'en ont aucune idée, habitués qu'ils sont à ce que les femmes sachent elles, ce qu'ils veulent, et s'en contentant largement. Le jeune couple que forment Pete et Trudy Campbell est un bon exemple de cette adaptation de la femme aux attentes de l'homme. Pete se marie surtout par respect des convenances et parce que sa trop grande jeunesse le dessert. Il a besoin d'apparaître plus installé dans la vie. Sa femme n'est pas autre chose qu'un accessoire qui lui manquait dans sa panoplie de jeune cadre plein de promesses. Que sa femme ait un effet sur l'agrandissement de son *ego*, cela est donc indéniable. Et puisqu'elle est un objet, il n'a pas peur de l'instrumentaliser, et de s'en servir pour qu'elle lui obtienne un contrat d'édition pour une des nouvelles qu'il a écrite (1×5).

Le cercle de la domination

Ainsi le cercle est achevé : sous l'effet de la domination masculine, les femmes sont transformées en objets symboliques. Plus elles sont objectivées, plus elles sont dépendantes ; plus elles sont dépendantes, plus elles se justifient par une satisfaction permanente des attentes des hommes. Elles incarnent alors petit à petit cette « nature féminine » construite pour elles et qui implique « naturellement » leur dépendance : « *En conséquence, le rapport de dépendance à l'égard des autres* [...] *tend à devenir constitutif de leur être.* »

Bien que toute femme subisse la transformation décrite par Bourdieu dès lors qu'elle vit dans une société, certaines parviennent à en faire bouger les lignes. C'est le cas de Midges, la maîtresse de Don, qui parvient certaines fois, surtout lorsqu'elle lui téléphone directement au bureau, à renverser le processus d'objectivation : c'est Don qui devient un objet disponible. C'est aussi le cas de Rachel Menken qui, en plus d'une autonomie professionnelle dont elle a hérité et qu'elle tente de préserver, refuse le jeu de la séduction et préfère la relation amoureuse. Helen Bishop enfin, la voisine divorcée de

Betty Draper semble, elle, s'être débarrassé de ce problème en divorçant. La difficulté, c'est qu'elle paie sa différence du prix d'une relative marginalisation sociale.

Mais en commençant en 1961, *Mad Men* voit déjà poindre les changements à venir, notamment sur la condition et les droits des femmes. Chacun à son rythme, presque tous les personnages féminins de *Mad Men* vont voir leur condition changer, soit que la domination s'affaiblisse à leur endroit, soit qu'elles en soient elles-mêmes les instigatrices de ce changement. Ainsi l'histoire de la série exprime la grande histoire et se fait l'écho des grandes mutations morales et sociales du courant des années 60.

Juste la fin d'un monde

Malgré une diffusion au départ un peu confidentielle, sur la petite chaîne câblée américaine AMC, *Mad Men*, créée en 2007 par Matthew Weiner, s'est finalement imposée comme l'une des séries les plus importantes de ces dernières années[1]. À quoi doit-elle cette reconnaissance ? D'abord à la qualité de son écriture, de sa production et de son interprétation, mais ensuite et surtout au fait qu'elle raconte la fin du monde qui existait juste avant celui dans lequel nous vivons aujourd'hui et dont il dépend donc, ne serait-ce qu'à titre d'antithèse. Quel est donc ce monde dont *Mad Men* fait le récit de la disparition ?

Celui précisément de la domination masculine, dans lequel les femmes n'avaient pas d'existence symbolique moralement et socialement convenable sans un homme à leur côté. À vrai dire, il suffisait de regarder attentivement le générique de la série pour voir en cette image d'homme qui chute du haut d'un building la métaphore de la fin de la domination masculine dans l'ordre social. Si l'analyse proposée ici a choisi de se concentrer sur les effets de cette domination, il faudrait aussi prendre le temps, en analysant la fin de la 1re saison et les saisons suivantes, de montrer précisément comment l'émancipation morale et sociale a pu s'effectuer et surtout

1. Au point de faire la couverture d'un numéro des *Cahiers du cinéma*, « Séries, une passion américaine », n° 658, juillet-août 2010.

jusqu'où elle a pu s'effectuer. Car il n'est pas certain qu'elle ait pu être totale au risque sinon d'un bouleversement fondamental de l'ordre social. Bourdieu avait pris soin de montrer en effet que la domination masculine n'était pas qu'une caractéristique momentanée de certaines sociétés particulièrement sexistes, mais au contraire le principe de mise en ordre du travail dans toute société humaine.

La coloration mélancolique que prend la série et que l'on relevait dès le début se comprend mieux alors comme l'effet de cette intuition qu'ont à peu près tous les personnages de la fin de l'ordre moral et social dans lequel ils se sont construits et ont construit leurs existences. Don Draper en a peut-être une conscience encore plus aiguë car il sait, lui, combien sa situation actuelle, tant sociale que personnelle, est le résultat d'une fragile construction. Tout ce qu'il est devenu repose en effet sur un mensonge depuis l'usurpation de son identité, jusqu'à son rôle de mari et de père. L'intensité particulière de *Mad Men* se situe dans la suspension de cette mélancolie : bientôt les choses vont changer, vont s'accélérer et le monde ne ressemblera plus à ce que l'on aura toujours connu. Il ira trop vite, il sera trop jeune, trop insouciant, trop revendicatif, trop mélangé, trop moderne finalement pour que des hommes comme Don Draper puissent continuer de le dominer.

Références

Titre original	*Mad Men*
Créée par	Matthew Weiner
Nombre de saisons	4 saisons – 49 épisodes (5e saison en production)
1re diffusion	2007 (États-Unis) sur AMC 2008 (France) sur Canal +
Vidéographie (zone 2)	1 coffret DVD par saison (1 et 2) Lions Gate Home Entertainment

Éduquer, est-ce plutôt interdire ou plutôt permettre ?

✓ L'éducation

« Finalement ce n'est pas si compliqué les enfants... On récolte ce qu'on a semé »
Denis (1×9)

« *Moi qui suis contre la télévision*[1] »

Pour certains parents, la télévision est le grand adversaire de l'éducation. Elle déforme les enfants qui la regardent en divertissant sans instruire et en relativisant tous les principes et toutes les valeurs puisqu'elle leur permet de s'exprimer à égalité. Du coup, elle sape peu à peu l'autorité des parents en brouillant systématiquement la frontière entre la sphère privée et la sphère publique. C'est ce que pense Renaud Lepic, un des personnages de la série *Fais pas ci, fais pas ça* créée par Anne Giafferi et Thierry Bizot. Et pourtant la série dans laquelle il intervient est justement une tentative de réconciliation entre la télévision et les éducateurs dans la mesure où son thème principal est celui de l'éducation et où sa forme (du moins dans la 1re saison) invite explicitement à la réflexion. *Fais pas ci, fais pas ça* propose en effet un dispositif narratif original : celui d'une fausse émission de télé-réalité au cours de laquelle seraient suivies pendant un an, deux familles d'un même quartier incarnant des modèles d'éducation diffé-

---

1. Renaud Lepic (1×1).

rents. Les scènes de vies se trouvent donc entrecoupées d'entretiens face à la caméra des parents des deux familles, au cours desquels ils reviennent sur leurs principes d'éducation ou sur un problème qu'ils sont en train de rencontrer avec l'un de leurs enfants. Autrement dit, *Fais pas ci, fais pas ça* intègre dans la composition de son récit de faux moments réflexifs, mais qui ont un véritable effet critique. Le récit s'arrête et laisse place à une courte analyse. Le plus souvent, cette analyse se trouve démentie dans la suite de l'épisode, ajoutant au comique des situations, un effet comique supplémentaire naissant du décalage entre le discours des parents et leur comportement réel. Dès lors, si dans son fonds comme dans sa forme une telle série propose de mettre en scène les problèmes liés à l'éducation des enfants pourquoi ne pas effectivement réfléchir à ce qui pose problème dans l'éducation ?

L'éducation : le passage obligé

Ils habitent le même quartier, certains de leurs enfants sont amis et fréquentent les mêmes écoles, mais les Bouley et les Lepic, les deux couples retenus pour cette fausse émission de télé-réalité qui est le prétexte de départ à *Fais pas ci, fais pas ça*, proposent chacun deux versions opposées de l'éducation des enfants. D'un côté, Denis et Valérie Bouley ont choisi pour Tiphaine et Elliot de refuser le modèle autoritaire, d'imposer le moins de règles possibles pour laisser de préférence les enfants s'épanouir en faisant ce qu'ils veulent. À l'inverse, Fabienne et Renaud Lepic ont choisi pour leurs quatre enfants, Christophe, Soline, Charlotte et Lucas, une éducation qui réinvente sans cesse de nouvelles règles et qui repose en permanence sur leur autorité indiscutable de parents.

Mais quel que soit le moyen choisi, l'enjeu de l'éducation reste toujours le même : « *L'homme ne peut devenir homme que par l'éducation. Il n'est rien que ce que l'éducation fait de lui*[1] » comme le remarque le philosophe Kant (1724-1804). L'éducation est le processus nécessaire par

1. Kant, *Propos de pédagogie*, Introduction, Œuvres complètes, t. 3, Gallimard, « La Pléiade », p. 1154.

lequel les hommes s'humanisent. Sans éducation, ils resteraient à la merci de leurs instincts et ne se distingueraient donc plus vraiment des autres animaux. On peut donc définir de manière générale l'éducation comme le processus à travers lequel l'homme dépasse sa propre condition naturelle pour accéder à l'autonomie. C'est le chemin qui conduit tout homme à son humanité en le rendant capable d'être responsable de lui-même et d'exercer sa liberté sans que cela ne lui retombe dessus. Mais si l'enjeu général est bien le même, alors le problème que pose toute éducation est lui aussi le même, quel que soit le chemin que l'on choisisse finalement. Pour les Bouley, pour les Lepic, comme pour tous les parents du monde, le problème de l'éducation est le suivant : comment éduquer des êtres libres ? Ou avec les mots de Kant : « *Comment allier la soumission à la contrainte de la règle et la capacité d'user de sa liberté*[1] *?* » Sans la conscience de cette difficulté, c'est-à-dire sans la prise en compte de la liberté des enfants que l'on doit éduquer, on a vite fait de confondre éducation et dressage.

Fais pas ci, fais pas ça propose en fait deux réponses possibles à ce problème de l'éducation à travers les choix différents des Bouley et des Lepic et invite les spectateurs à les comparer et à en mesurer la pertinence. Comment donc peut-on résoudre la difficulté de la contrainte et de la liberté ?

Interdire ou permettre : deux solutions ou deux impasses ?

D'un côté le choix d'imposer des règles strictes et de faire régner une certaine discipline à la maison : les Lepic privilégient la soumission à la règle plutôt que l'usage de la liberté. De l'autre côté, le choix d'une éducation sans autorité et sans contrainte : les Bouley privilégient d'emblée le libre choix de leurs enfants et veulent substituer la discussion à la contrainte. Ces deux choix sont en fait l'expression de deux philosophies de l'éducation différentes et qui s'élaborent toutes deux dans la perspective nouvelle du siècle des Lumières. L'éducation est alors un des enjeux principaux puisque c'est d'elle

1. *Ibid.* p. 1 161.

que l'on attend une émancipation généralisée des peuples et la mise en place d'un nouveau monde, libéré de la tutelle des autorités traditionnelles.

■ La contrainte formatrice ou l'interdiction : le choix des Lepic

Penser qu'il faut imposer des règles contraignantes pour éduquer des enfants libres n'est pas aussi contradictoire que cela en a l'air. Cela revient en fait à considérer que la liberté des enfants n'est pas naturellement formée et qu'il faut au contraire qu'elle apprenne à se maîtriser. Comme l'explique Kant, toujours lui, « *la contrainte est nécessaire !* » car elle a pour fonction première de « discipliner *l'homme* » c'est-à-dire d'« *empêcher l'animalité de porter préjudice à l'humanité dans l'individu comme dans l'homme social*[1] ». Cela signifie donc que si l'homme est libre, sa liberté n'est pas pour autant « prête à l'emploi » et qu'elle a besoin d'être formée et exercée. Les règles sont là pour fixer le cadre à l'intérieur duquel la liberté de l'enfant va pouvoir s'exercer. Dans la série cette exigence se traduit notamment par le souci constant de Renaud Lepic d'encadrer le travail de son fils Christophe pour qu'il réussisse son bac. Il tente plusieurs fois de mettre de l'ordre dans ses méthodes de travail et lui impose des cours particuliers de mathématiques. Dans le 2e épisode, confronté à un problème fiscal, c'est toute la famille qui subit les nouvelles règles d'économie généralisée. Ou encore dans le 6e épisode, à l'occasion de l'organisation de la fête d'anniversaire de Soline et de Tiphaine, les Lepic imposent la séparation des garçons et des filles pour la nuit, ainsi que la limitation de la quantité d'alcool pour le buffet de la soirée. Il en va de même ensuite sur le plan moral. Les parents doivent aussi apprendre à leur enfant à bien se comporter et « *à acquérir la disposition d'esprit qui ne lui fasse choisir que de bonnes fins*[2] », rappelle Kant. Mais sur ce plan, c'est plus le recours à l'exemple qui est formateur pour la liberté et c'est par exemple ce que tente de faire Fabienne Lepic en donnant de son temps libre pour aller faire les paquets-cadeaux de Noël au supermarché pour l'œuvre de la fée Clochette. Mais de tels choix éducatifs permettent-ils effectivement d'atteindre le but fixé ?

1. *Ibid.* p. 1157.
2. *Ibid.* p. 1157.

Pas vraiment, et chez les Lepic l'on assiste surtout à l'échec permanent des stratégies éducatives mises en place. Pour deux raisons au moins. D'abord parce que les quatre enfants se construisent effectivement par rapport aux règles imposées par leurs parents, mais au lieu de les intégrer et de se former à travers elles, ou bien ils n'en tiennent simplement pas compte, ou bien ils les répètent mécaniquement – comme lorsque Christophe donne à des SDF tout un tas de vieux vêtements sans faire le tri (1×12) –, ce qui revient à peu près au même. Ensuite parce que les parents sont les premiers à ne pas suivre les règles qu'ils imposent. Renaud Lepic demande en effet à ses enfants de participer aux tâches ménagères, d'aider pour la préparation des repas, de ranger leurs chambres... alors qu'il est le premier à se faire servir par sa femme et à ne prendre aucune initiative. Cette dernière contradiction entre ce qui est prescrit par les parents et ce qu'ils incarnent effectivement comme exemple, si elle est la source principale du comique de la série, sape en même temps peu à peu l'autorité parentale et disqualifie la philosophie de l'éducation mise en œuvre par les parents. Et du côté des Bouley ? Les choix faits permettent-ils de se tirer un peu mieux de ce problème que pose l'éducation des enfants ?

■ La libre formation par l'expérience ou la permission : le choix des Bouley

Valérie et Denis Bouley forment avec Tiphaine et Eliott une famille recomposée. Denis est le second mari de Valérie et Tiphaine la fille du premier mariage de Valérie. De ce côté-ci, le choix est clair : le but c'est que les enfants soient heureux et il faut donc qu'ils fassent ce qu'ils veulent pour le devenir. Les parents ne sont là que pour les protéger et les défendre des obstacles que la vie ne manquera pas de placer sur leur chemin. Il s'agit donc apparemment d'une éducation sans contrainte et du refus d'exercer une quelconque autorité, au nom du respect de l'individualité et de la liberté des enfants. De tels choix éducatifs renvoient à une autre philosophie de l'éducation, celle de Diderot (1713-1784), qu'il exprime notamment dans ces quelques lignes dialoguées du *Supplément au voyage de Bougainville* :

> « *A. – Faut-il civiliser l'homme ou l'abandonner à son instinct ?* [...]
>
> *B. – Si vous vous proposez d'en être le tyran, civilisez-le* [...]. *Le voulez-vous heureux et libre ? ne vous mêlez pas de ses affaires : assez d'incidents imprévus le conduiront à la lumière et à la dépravation ; et demeurez à jamais convaincus que ce n'est pas pour vous, mais pour eux, que ces sages législateurs vous ont pétri et maniéré comme vous l'êtes.* [...] *Méfiez-vous de celui qui veut mettre de l'ordre. Ordonner, c'est toujours se rendre le maître des autres en les gênant.* »
>
> **Denis Diderot, *Supplément au voyage de Bougainville*, chapitre V, Garnier-Flammarion, 1972.**

Diderot considère ici que « civiliser l'homme » c'est-à-dire l'éduquer en l'arrachant de sa condition naturelle revient à le tyranniser, c'est-à-dire à lui imposer un ordre extérieur et nier sa liberté. Autrement dit, il rejette toute éducation qui ne serait qu'un encadrement disciplinaire et plaide plutôt pour une éducation naturelle. Il faut entendre par là la simple manière dont les expériences faites chaque jour suffisent à éduquer l'homme. La meilleure façon de rendre un homme heureux et libre consiste donc à ne pas « gêner » son développement naturel et à laisser la vie le former, au gré de ses expériences heureuses ou malheureuses. Puisque l'on a affaire à un être libre, l'éducation ne peut déranger cette liberté ou tenter de la former : cela reviendrait à dénaturer l'homme. Dans cette perspective, le seul rôle des parents consiste à veiller à ne rien imposer de manière autoritaire et à laisser leur enfant s'éduquer lui-même au fur et à mesure des « imprévus » qu'il rencontre. Tel est l'idéal d'éducation qui inspire Denis et Valérie pour élever Tiphaine et Eliott. Ils revendiquent une éducation au sein de laquelle ils laissent les enfants « *faire ce qu'ils veulent* ». Denis par exemple insiste pour que ce soit bien Eliott qui décide seul s'il a envie de se présenter aux élections de délégués de classe et demande à Valérie de ne pas intervenir dans son choix (1×5). De même, après avoir commencé par refuser, Valérie accepte d'envisager que Tiphaine devienne esthéticienne comme elle semble le souhaiter. Elle pousse même jusqu'à accepter de faire un test grandeur nature des aptitudes de Tiphaine en matière de soins esthétiques, partant du principe que, instruite par la confrontation à l'expérience,

Tiphaine finira bien par changer d'avis. Elle persuade aussi Denis et tous deux se retrouvent donc dans le salon de leur maison : Valérie avec un masque sur le visage et Denis avec de la cire sous l'aisselle gauche et dans le creux de l'oreille (1×7) ! De tels choix se révèlent-ils finalement plus judicieux ? Est-ce une réussite ?

Tout comme ceux des Lepic, les choix faits par les Bouley ne résistent pas longtemps à l'épreuve des faits. Tout simplement parce qu'ils ne parviennent pas à laisser s'exprimer les choix de leurs enfants sans intervenir, comme lorsque Eliott dit qu'il veut s'inscrire au catéchisme (1×3) et qu'ils tentent de l'en dissuader ou que Tiphaine explique qu'elle souhaite partir en Grèce chez une amie pour les vacances et que sa mère lui interdit (1×12). Aussi, parce qu'ils découvrent finalement que l'absence de règles dans l'éducation rend en fait impossible toute éducation. « *Sous prétexte de ne pas user d'autorité avec nos enfants, on s'est laissé déborder* » finit par reconnaître Valérie (1×12) avant d'ajouter en direction de Denis : « *Eh bien chez nous il n'y a pas de règles, rien, zéro, les enfants font ce qu'ils veulent ! Comment veux-tu que Tiphaine devienne adulte si elle n'a aucune règle à bousculer ?* » et de finir par demander à Denis de prendre les choses en main. Ce que Denis finit par faire en incarnant désormais une figure d'autorité, législatrice d'un règlement de vie commune. Là encore pour les Bouley, la 1re saison s'achève sur un constat d'échec.

Mais à quoi tient ce double échec des stratégies éducatives mises en place par les Lepic et les Bouley ? Est-ce seulement qu'ils s'y prennent mal ou bien leurs échecs respectifs, malgré des options d'éducation différentes, ne sont-ils pas le signe d'une difficulté inhérente à tout projet d'éducation ? Par-delà les erreurs commises par les personnages de *Fais pas ci, fais pas ça*, ne faut-il pas reconnaître que l'éducation, en son principe, est traversée par une tension qui empêche toujours que l'on en fasse la simple exécution d'un programme déterminé ?

La contradiction de l'éducation

Pas facile d'être parent ou éducateur et d'avoir comme mission de former des êtres libres. Mais si l'on prend le temps d'y réfléchir, comme *Fais pas ci, fais pas ça* en donne l'occasion et comme la philosophe Hannah Arendt (1906-1975) le propose dans son article célèbre intitulé « La Crise de l'éducation », on comprend que la difficulté principale tient à ce que l'éducation ne peut fonctionner qu'en assumant la contradiction qu'elle implique et non en cherchant à la réduire ou à l'harmoniser. Éduquer, comme on peut le lire dans les lignes suivantes, revient d'une part à protéger l'enfant du monde et d'autre part à protéger le monde de l'enfant. N'est-ce pas cette double responsabilité qui corse un peu plus le problème ?

> « *Cependant, avec la conception et la naissance, les parents n'ont pas seulement donné la vie à leurs enfants ; ils les ont en même temps introduits dans un monde. En les éduquant, ils assument la responsabilité de la vie et du développement de l'enfant mais aussi celle de la continuité du monde. Ces deux responsabilités ne coïncident aucunement et peuvent même entrer en conflit. En un certain sens, cette responsabilité du développement de l'enfant va contre le monde : l'enfant a besoin d'être tout particulièrement protégé et soigné pour éviter que le monde puisse le détruire. Mais ce monde aussi a besoin d'une protection qui l'empêche d'être dévasté et détruit par la vague des nouveaux venus qui déferle sur lui à chaque nouvelle génération.* »
>
> **Hannah Arendt, « La crise de l'éducation », in *La Crise de la culture*, édition de Patrick Lévy © éditions Gallimard, coll. « Folio », 1972, p. 238-239.**

L'analyse est simple et directe et le diagnostic posé assez clair : éduquer un enfant c'est exercer une double responsabilité dont les termes sont néanmoins contradictoires. La première responsabilité est celle des parents à l'égard de leurs enfants : puisqu'ils sont à l'origine de leur existence, ils ont comme devoir de les protéger des rudesses de la réalité physique et sociale. Cela implique de les former pour affronter ces menaces et en même temps cela suppose que les parents prennent sur eux la majorité des menaces en question. Dans la série par exemple, Valérie Bouley a une interprétation systématiquement excessive de ce devoir de protection, ce qui est à la fois drôle et pathétique. Elle est en effet capable de poursuivre sa fille jusqu'en pleine soirée avec des amis pour lui expliquer, sur le palier, comment se servir d'un préservatif (1×2). C'est ce qui la rend aussi capable d'aller faire la loi dans la cour de récré de l'école de son fils de 8 ans en mettant les choses au clair avec le petit garçon qui terrorise son fils (1×1).

Mais éduquer un enfant c'est aussi être responsable du monde et de sa continuité. Cela signifie que les parents ont aussi à veiller à ce que les enfants, avec leur jeunesse, leur liberté et leur ambition, ne remettent pas en cause l'ordre du monde, qu'ils en respectent le fonctionnement, les hiérarchies et les principes établis. Il s'agit ici donc ici de faire preuve de conservatisme puisque « *le conservatisme, au sens de conservation, est l'essence même de l'éducation, qui a toujours pour tâche d'entourer et de protéger quelque chose* », explique un peu plus loin Hannah Arendt. Renaud Lepic partagerait très probablement cette analyse puisqu'il insiste pour apprendre à ses enfants le respect du passé et le sens des traditions, lui qui pense que « *c'est en connaissant son passé que l'on bâtit son avenir* », et qui veut transmettre le sens des racines (« *Nous sommes les maillons d'une grande chaîne* ») à l'occasion de la fête de la Toussaint (1×8). Être parent, c'est aussi en ce sens conserver le monde tel qu'il est avec pour charge de le transmettre à ses enfants. Et Arendt de conclure : « *C'est justement pour préserver ce qui est neuf et révolutionnaire dans chaque enfant que l'éducation doit être conservatrice.* » Ainsi, en transmettant un monde conservé à leurs enfants, les parents les rendent vraiment libres, puisque les voilà vraiment libres de le changer.

Réfléchir sur l'éducation ce n'est donc pas seulement se demander s'il faut interdire ou au contraire permettre. Ce n'est pas seulement une réflexion sur les règles de vie à adopter au sein de la famille. Certes la réflexion commence quand on reconnaît que les enfants à éduquer sont des êtres libres. Mais pour les rendre effectivement libres, encore faut-il dépasser le simple cadre de la relation entre les parents et les enfants. Quand on est parent, il s'agit aussi, comme le rappelle Arendt, de se reconnaître une responsabilité à l'égard du monde lui-même. Précisément, les parents ont à conserver le monde. Venant eux-mêmes du monde d'avant, de ce monde qui préexistait à la naissance de leurs enfants, ils doivent continuer de l'incarner avec cohérence. Or, si les Lepic et les Bouley parviennent à peu près à protéger leurs enfants et à exercer ainsi leur première responsabilité de parents, ils ont un peu plus de mal à protéger le monde de leurs enfants, c'est-à-dire à le conserver. Finalement, les deux injonctions qui composent le titre de la série : *Fais pas ci, fais pas ça* s'adressent tout autant aux enfants qu'à leurs parents.

Références

Titre original	*Fais pas ci, fais pas ça*
Créée par	Anne Giafferi et Thierry Bizot
Nombre de saisons	3 saisons – 26 épisodes
1re diffusion	2007 (France) sur France 2
Vidéographie (zone 2)	1 coffret DVD par saison (1 et 2) France Télévision éditions

Qu'échange-t-on la nuit, à Pigalle ?

Pigalle
la nuit

✓ Les échanges

« Pigalle c'est Pigalle ! Si tu restes un peu tu verras,
c'est un quartier qui a une âme : les gens sont différents.
À la fois paumés et assez content de l'être »
Dimitri à Thomas (1×1)

Une histoire de quartier

Comme son titre le laisse facilement penser, *Pigalle, la nuit* est une série qui raconte une histoire qui se passe dans le quartier de Pigalle, la nuit. Il pourrait s'agir de l'histoire de Nadir Zainoun (d'ailleurs la série commence avec lui) un des « rois » de Pigalle, propriétaire du *Sexodrome* et du *Folie's Pigalle*, sorte de « parrain ancienne école » de tout le quartier. L'histoire commencerait alors avec l'annonce de l'ouverture d'un nouveau club, le *Paradise*, qui menace tout l'équilibre du quartier. Mais il pourrait aussi s'agir de l'histoire de Thomas, un jeune consultant de passage à Paris partant à la recherche de sa sœur Emma qui disparaît juste après qu'il l'a reconnu sur la scène du *Folie's* en plein numéro de strip-tease. Et pourquoi ne s'agirait-il pas non plus de l'histoire de Dimitri, le discret et mystérieux patron du *Paradise*, qui s'impose rapidement comme l'adversaire de Nadir ? Et que dire d'Alice et de son combat contre Nadir et pour la préservation du quartier ? Que dire de Max et de ses souvenirs mélangés de rêves ? ou de

Fleur et des contradictions de son rapport au corps ? Dans *Pigalle, la nuit*, il n'y a pas vraiment de personnages secondaires car tous entretiennent une relation singulière avec le quartier et tous détiennent donc une part de la vérité de ce quartier. Du coup, il faut peut-être prendre le titre de cette série au premier degré et considérer que l'histoire de *Pigalle, la nuit* est bien, d'abord et avant tout, l'histoire de Pigalle, la nuit. L'originalité première de cette série française créée par Hervé Hadmar et Marc Herpoux serait de faire du quartier parisien de Pigalle le personnage principal de la série, un peu — toutes choses égales par ailleurs — comme la ville de Baltimore est le personnage principal de la série *The Wire*. Alors certes, on ne raconte pas la vie d'un quartier indépendamment du récit de la vie de ceux qui y habitent et en ce sens, il y a bien des personnages qui agissent, qui vivent et qui se poursuivent dans cette série. Mais leurs actions ne s'expliquent pas tant par des types psychologiques prédéterminés que par des rapports différenciés à des lieux communs et à des espaces partagés : le club *Folie's Pigalle*, le *Sexodrome*, la boutique d'Alice, l'impasse de la cité Véron, le club *Paradise*, etc. À chaque lieu est associé un groupe donné et le quartier de Pigalle tel qu'il est mis en scène dans la série devient un territoire sur lequel se croisent plusieurs « tribus » concurrentes qui tentent de cohabiter plus ou moins pacifiquement. La série ici devient le moyen d'une exploration *ethnographique*, en ce qu'elle décrit le mode de vie de ces clans. Elle rend alors possible une analyse *ethnologique* en ce qu'elle tente de cerner la véritable nature des relations qui structure le rapport des clans entre eux et les rapports internes aux clans. Ainsi, à travers la mise en scène de tout un quartier, les créateurs de la série se livrent à une véritable analyse de la complexité du lien social qui unit des hommes qui partagent un même territoire. On peut voir en ce sens *Pigalle, la nuit* comme une sorte de leçon d'ethnologie appliquée, dont il ne reste qu'à mettre au jour les enseignements.

La complexité de la communication sociale : Lévi-Strauss à Pigalle

Le grand anthropologue Claude Lévi-Strauss (1908-2009) est mort tout juste quelques semaines avant la première diffusion de *Pigalle, la nuit*. Mais il est à peu près certain qu'il aurait été passionné par le spectacle de cette série puisqu'elle met en scène une des grandes découvertes de son travail : la complexité de la communication sociale. Lévi-Strauss a passé sa vie à décrire puis à analyser le fonctionnement de sociétés primitives pour tenter de mieux comprendre le rapport de l'homme à la culture et le rapport des hommes entre eux. Il a donc fait de la question de la nature du lien social entre les hommes, le cœur de sa recherche. Sur ce point, le problème est le suivant : spontanément on a tendance à penser que le lien social est le résultat des échanges économiques et des collusions d'intérêts que ces échanges entraînent. Les hommes seraient donc liés par des intérêts économiques, reposant en dernier ressort sur la satisfaction des besoins. À l'inverse, quand il y a conflit d'intérêts, l'échange serait impossible et par conséquent le lien ne pourrait pas se constituer. Dans la série, c'est ce qui expliquerait, à première vue, le conflit opposant Nadir et Dimitri : leurs intérêts économiques étant concurrents et ne trouvant pas à s'accorder toute relation autre que violente est impossible entre les deux hommes. L'entreprise de Dimitri mettant en péril l'équilibre des échanges économiques dans le quartier, il paraît donc impossible qu'il puisse finalement s'y intégrer. Le problème pour Lévi-Strauss c'est qu'une telle analyse a tendance à réduire la relation sociale à la seule relation économique ; c'est oublier que les relations entre les hommes ne sont pas seulement économiques, puisque les hommes eux-mêmes ne sont pas que des agents économiques dont toute la vie tournerait autour de la seule logique de l'intérêt. On peut lire les quelques lignes suivantes pour tenter de comprendre de quels autres échanges le lien social est-il le résultat :

> « *Dans toute société, la communication s'opère au moins à trois niveaux : communication des femmes ; communication des biens et des services ; communication des messages. Par conséquent, l'étude du système de parenté, celle du système économique et celle du système linguistique*

offrent certaines analogies. Toutes trois relèvent de la même méthode ; elles diffèrent seulement par le niveau stratégique où chacune choisit de se situer au sein d'un univers commun. »

Claude Lévi-Strauss, *Anthropologie structurale*, chap. XV, coll. « Agora », Pocket, 1985.

De l'échange au lien social : la communication

En trois phrases, Lévi-Strauss explique que toute organisation sociale, et donc aussi un quartier comme Pigalle, repose en fait sur une « communication » : c'est-à-dire sur un ensemble d'échanges constitutifs du lien social qui unit l'organisation en question. Ces échanges appartiennent à trois ordres différents : la parenté, l'économie et le langage. Tous ensembles tissent un lien social plus complexe que ne le pense la théorie économique classique. Avec un penseur comme Adam Smith (1723-1790) par exemple, la théorie économique classique considère que l'intérêt est le seul moteur des échanges entre les hommes et que le besoin à satisfaire est le seul fondement du lien social. Lévi-Strauss rejette donc cette théorie, sans pour autant nier la dimension économique des échanges sociaux : il la remet à sa place, c'est-à-dire dans une position intermédiaire entre l'échange social des femmes et l'échange linguistique des messages. Mais dans les trois cas, c'est bien l'acte même d'échange qui constitue le lien. Qu'entend-on précisément par échange ?

Un échange c'est l'acte mutuel de transfert de biens ou de services, de signes ou de valeurs, qui suppose le consentement des parties qui échangent et à l'issue duquel chacune des parties voit son état modifié. Il ne suffit donc pas de faire une offre et d'y mettre le prix pour qu'une transaction financière ait lieu par exemple. Nadir en fait la délicate expérience au début de la série lorsque Alice refuse de lui vendre sa boutique. Le consentement est donc ici une condition essentielle de l'échange et sans lui il n'y a plus échange mais chantage ou vol... L'échange est donc une relation librement consentie et interpersonnelle : il est créateur de lien, en ce qu'il implique, pour avoir lieu, une obligation réciproque, c'est-à-dire une obligation simultanée et égale des deux parties à procéder à l'échange.

Alors commençons par le plus simple : l'échange économique. Il est créateur de lien car il accorde les libertés de chacun des parties en fonction d'un intérêt commun. Il lie les individus entre eux dans un système économique. L'échange des messages ensuite. Il est créateur de lien car il articule les pensées de chacun des interlocuteurs en fonction d'une reconnaissance commune. Ici il lie les individus entre eux dans un système linguistique. Reste l'échange des femmes. À quoi renvoie exactement ce premier niveau de communication sociale ? N'est-ce pas ce dont il est question, à propos d'Emma, entre Nadir et Dimitri dans les premiers épisodes de *Pigalle, la nuit* ?

La prohibition de l'inceste et l'échange des femmes

Au tout premier fondement de l'organisation sociale, Lévi-Strauss identifie le système de parenté. Il s'agit en fait de la liaison des individus et des familles à travers l'échange des femmes entre les clans. Pour se reproduire et assurer sa continuité, chaque clan a besoin de femmes venant d'un autre clan. C'est ce qu'on appelle l'exogamie, c'est-à-dire l'union matrimoniale de deux êtres originaires de deux clans différents.

L'échange des femmes ne se trouve au fondement de toute organisation sociale qu'à titre de conséquence d'une règle que Lévi-Strauss estime universelle : l'interdiction de l'inceste, c'est-à-dire de l'union matrimoniale avec un proche parent. Lévi-Strauss montre que cette interdiction première implique une obligation d'échange et donc devient facteur de lien en constituant un système de parenté comme il l'explique dans les lignes suivantes :

> « *La prohibition de l'inceste, comme l'exogamie qui en est son expression sociale élargie, est une règle de réciprocité. La femme qu'on se refuse, et qu'on vous refuse, est par là même offerte. À qui est-elle offerte ? Tantôt à un groupe défini par les institutions, tantôt à cette collectivité indéterminée et toujours ouverte, limitée seulement par l'exclusion des proches, comme c'est le cas dans notre société.* [...]
>
> *Il y a plus : que l'on se trouve dans le cas technique du mariage dit "par échange", ou en présence de n'importe quel autre système matrimonial,*

> *le phénomène fondamental qui résulte de la prohibition de l'inceste est le même : à partir du moment où je m'interdis l'usage d'une femme, qui devient ainsi disponible pour un autre homme, il y a, quelque part un homme qui renonce à une femme qui devient, de ce fait disponible pour moi. Le contenu de la prohibition n'est pas épuisé par le fait de la prohibition ; celle-ci n'est instaurée que pour garantir et fonder, directement et indirectement ou médiatement un échange.* »
>
> Claude Lévi-Strauss, *Les Structures élémentaires de la parenté*, © Mouton, 1967, p. 60.

On croirait presque lire le synopsis original de *Pigalle, la nuit* ! Singulièrement, dans le premier épisode, Emma apparaît sur scène pour un numéro de strip-tease, en tenue de mariée et signifie ainsi symboliquement sa disponibilité. Fille du clan de Nadir Zainoun, elle est donc présentée comme offerte à un homme, mais qui ne peut pas, précisément, être Nadir lui-même, au risque de verser dans l'inceste. Nadir, le premier, le sait et quand Emma disparaît alors que s'ouvre, de l'autre côté du boulevard, le *Paradise*, tous pensent la même chose : Emma quitte la scène du *Folie's Pigalle* pour aller danser sur celle du *Paradise*. Elle quitterait le clan de Nadir pour entrer dans celui de Dimitri. Si l'interdit de l'inceste entraîne plus ou moins directement un échange comme le pense Lévi-Strauss, c'est parce qu'il repose sur un principe de réciprocité. Qu'une femme d'un clan soit interdite pour les membres du clan, implique nécessairement qu'elle soit offerte aux membres d'un autre clan et réciproquement les femmes interdites d'un autre clan sont nécessairement disponibles pour les membres du premier clan. Qu'un homme refuse à une femme de son clan et cela lui donne le droit de recevoir une femme d'un autre clan. L'interdit de l'inceste est donc l'envers d'une obligation d'échanger. Cet échange des femmes est ensuite lui-même générateur d'un puissant lien social qui a pour nom la parenté.

« Roi » de Pigalle et « père » de ses filles, Nadir doit faire l'apprentissage de cette séparation et de cette impossibilité d'union avec elles. Dans le cas d'Emma, l'apprentissage est d'autant plus difficile que la relation paternelle était plus forte puisque Emma a perdu ses deux parents et que Nadir n'a pas hésité à jouer les pères de substitution.

À mesure pourtant qu'il renonce à Emma, selon le principe de réciprocité avancé par Lévi-Strauss, une autre femme s'offre peu à peu, Alice, alors qu'avec elle la relation avait commencé de manière si tendue. Ainsi l'interdiction de l'inceste entraîne bien l'obligation de l'échange, l'échange constitue ensuite le lien de parenté et enfin, le lien rend possible une organisation sociale. On sent ainsi que la relation entre Nadir et Alice, entre le parrain et la petite fille de Pigalle, rassemble symboliquement tout le quartier, au-delà de ses divisions. Telle est la leçon que l'on peut tirer de cette analyse : c'est l'échange qui lie les hommes entre eux et singulièrement l'échange des femmes à travers le système de parenté auquel il donne naissance et qui structure ensuite toute l'organisation sociale [1].

La grande famille de Pigalle...

Pigalle, la nuit offre donc une mise en scène de l'hypothèse ethnologique selon laquelle le lien social est constitué en son fond par un lien de parenté. En quelques épisodes, on voit apparaître la vraie nature des liens qui unissent les habitants de Pigalle. En deçà des échanges verbaux, en deçà même des échanges économiques – pourtant essentiels dans le quartier –, la structure sociale de ce quartier est finalement une structure familiale. Au départ d'ailleurs, *Pigalle, la nuit*, c'est une histoire de famille : un frère, Thomas, à la recherche de sa sœur, Emma, la seule famille qui lui reste. Rapidement pourtant à cette relation familiale naturelle se substitue tout un ensemble de relations sociales qui reprennent le rythme, les postures et les symboles de la relation familiale. Nadir s'impose comme une figure paternelle et protectrice : « *Les filles qui travaillent pour moi je les protège. Je les protège contre les mecs, contre les coups foireux et parfois*

1. En pensant l'échange des femmes comme une forme de communication sociale, Lévi-Strauss laisse de côté la dimension politique d'un tel échange, c'est-à-dire la manière dont l'échange des femmes exprime en fait un rapport de domination des hommes sur la femme. Dans son livre *La Domination masculine* (Points Seuil, 1998), le sociologue Pierre Bourdieu explique ainsi que lors de l'échange, les femmes sont niées comme sujets et traitées comme des objets, « *réduites au statut d'instruments de production ou de reproduction du capital symbolique et social* » (p. 66). Si donc Nadir est atteint par la disparition d'Emma c'est aussi parce que cette disparition signifie une diminution de son capital symbolique, qui à Pigalle est principalement constitué par les filles qui travaillent pour lui.

même contre leur famille » (1×1). Alice de son côté, sans en avoir l'air, finit par incarner une figure maternelle et tout autant protectrice puisque c'est elle qui finalement a recueilli Emma et qui veille sur elle. Les filles sont des filles, tandis que les acolytes de Nadir, Olivier et Jamil, sont les garçons.

De l'autre côté du boulevard, autour du *Paradise*, s'installe un autre clan, lui aussi organisé par des relations familiales. Il y a Dimitri en chef de famille, Damien et son frère Vincent qui gèrent le club, les filles encore, Adam, le fils bientôt déchu… Là encore, le lien entre les individus se tisse à travers tout un vocabulaire et une grammaire de la parenté, dont les femmes et plus particulièrement Emma, sont les véritables centres de gravité. À ce compte-là, le secret de Dimitri et sa rivalité mystérieuse à l'encontre de Nadir ne peuvent être que d'ordre familial : une histoire de père bafoué et de mère à venger.

Dernier type d'échange enfin que la série donne à voir et qui achève la description de la complexité du lien social d'un quartier comme Pigalle : l'échange entre les vivants et les morts. Dans la série, c'est le personnage de Max qui est le gardien de cette relation : il est celui qui maintient le lien avec les morts de Pigalle. Et d'ailleurs, quand Emma s'est sentie en danger de mort, c'est à Max qu'elle a confié la boîte à musique contenant les photos. Régulièrement, sur le mode du rêve, Max renoue avec le passé et entretient la mémoire de ces morts du quartier, qui, en un sens, comme dans les tribus primitives étudiées par Lévi-Strauss[1], n'ont jamais quitté la famille.

Toute société, explique ainsi Lévi-Strauss, règle d'une manière ou d'une autre la question de ses relations avec les morts, sans pour autant qu'elle puisse envisager de les ignorer totalement. Autrement dit, à l'échange social des femmes, à l'échange économique des biens et à l'échange linguistique des messages, pour que la description des échanges d'un groupe social soit complète et pour que la compréhension soit pleine, il faut ajouter la considération des échanges entre les vivants et les morts.

---

1. Cf. *Tristes Tropiques*, 6e partie, chap. XXIII, Plon, 1955.

Que retenir de cette longue exploration du quartier de Pigalle et du monde de la nuit ? D'abord que ce n'est pas seulement l'intérêt économique qui constitue l'unité d'un quartier ou d'une société humaine. En deçà et au-delà de toutes les relations commerciales entre les individus d'un même clan ou entre deux clans différents, il y a des relations sociales et symboliques qu'il faut prendre le temps de décrypter pour comprendre le fonctionnement de la société en question. Pas de société sans communication sociale et pas de communication sociale sans un système complexe et réglé d'échanges de natures différentes. Contre l'image stéréotypée selon laquelle Pigalle n'est qu'un carrefour du divertissement pour adultes sur lequel les relations humaines se réduisent à des échanges tarifés entre adultes consentants, contre une certaine tendance de l'époque à réduire les relations entre les hommes à un échange de services, *Pigalle, la nuit* permet de redécouvrir l'autre dimension des relations humaines. Notamment la manière dont se mêlent l'intime et le social comme le suggèrent, dans le générique de la série, ces tatouages représentant les hauts lieux de Pigalle qui apparaissent au gré des caresses qu'échangent ces deux corps.

Références

Titre	*Pigalle, la nuit*
Créée par	Hervé Hadmar et Marc Herpoux
Nombre de saisons	1 saison – 8 épisodes (2e saison en production)
1re diffusion	2009 (France) sur Canal +
Vidéographie (zone 2)	1 coffret DVD de la saison 1 Studio Canal

Les vampires peuvent-ils redevenir des hommes comme les autres ?

TRUEBLOOD

✓ L'humanité, autrui, la morale

« *I'm not human, Sookie, I'm a vampire* »
Bill Compton[1] (1×7)

D'un cercueil à l'autre...

Alan Ball est un homme qui a de la suite dans les idées. On n'en attend pas moins d'un créateur de séries, mais dans son cas, la continuité s'éprouve non pas seulement entre les saisons des séries qu'il crée, mais aussi entre les différentes séries qu'il supervise. Au départ pourtant, rien ne rapproche vraiment l'univers de *Six Feet Under* et celui de *True Blood*, ses deux dernières créations. Dans l'une on suit le quotidien d'une famille de croque-mort et la manière dont chacun des membres encaisse la mort du père. Dans l'autre, on se retrouve au fin fond de la Louisiane, dans la petite ville de Bon Temps, au moment où certains vampires sortent de l'ombre et revendiquent leur pleine intégration sociale et juridique avec le reste de la communauté puisqu'une boisson, le « Tru Blood », leur permet désormais de se nourrir sans avoir à vider les humains de leur sang. Malgré ces deux univers différents, les deux séries se retrouvent autour d'une interrogation

1. « *Je ne suis pas humain, Sookie, je suis un vampire.* »

commune : celle de la condition mortelle de l'humanité. Dans *Six Feet Under*, chaque personnage accède à sa pleine humanité à mesure qu'il renouvelle la conscience de *sa* propre mort, dans *True Blood*, les termes sont inversés : la question est plutôt de savoir comment le vampire Bill Compton – un « homme » qui a perdu son humanité puisqu'il a perdu sa mortalité – peut-il redevenir humain ? Dans ces deux séries, Alan Ball montre que les frontières entre l'humain et l'inhumain se définissent en fonction des positions que l'on adopte vis-à-vis de la mort.

Les limites de l'humanité

Si maintenant l'on s'intéresse plus précisément à *True Blood*, on voit que la figure du vampire ne permet pas seulement de s'interroger sur la mort mais aussi de mettre en scène un être radicalement différent des autres êtres que sont les hommes. Son étrangeté tient d'abord au fait qu'il est à la fois mort et vivant et ensuite que la condition de sa survie – boire du sang – constitue une menace potentielle pour les autres hommes. Bill est à la fois un homme comme les autres, du moins en a-t-il l'apparence et le désir, et un être tout à fait différent des autres puisque les conditions de son existence n'ont rien à voir avec celles des autres hommes. Au sein de la petite communauté de Bon Temps, où tout le monde se connaît et se retrouve au bar du village le *Merlotte's*, le vampire qu'est Bill concentre tous les fantasmes que réunissent d'habitude les étrangers du fait de leur différence. Les choses ne sont pourtant pas aussi simples : Bill n'est pas vraiment un étranger puisqu'il habitait Bon Temps bien avant tous ceux qui y habitent aujourd'hui. Sa famille est même une des familles fondatrices de la communauté. Et puis à bien y regarder, tous les autres personnages de la série ont chacun une différence qui les distingue de tous les autres, au point de les rendre « étranges », sans pour autant les empêcher de faire partie de cette communauté. Sookie par exemple, une des serveuses du *Merlotte's*, est capable d'entendre les pensées des autres. Sam, le propriétaire du bar, est un *shape-shifter* (un métamorphe) : il est capable de quitter sa forme humaine et de prendre la forme d'un animal. Tara, la meilleure amie de Sookie, est une jeune femme noire dont la mère est alcoolique.

Quant à Lafayette, le cousin de Tara et le cuisinier du *Merlotte's*, il est noir, gay, prostitué et dealer... À travers tous ces personnages et avec la reprise de la figure du vampire, *True Blood* pose donc la question de la différence et de l'appartenance à une minorité et, plus fondamentalement, celle des limites de l'humanité. Pas étonnant alors que la série se passe en Louisiane, dans une région où il a été si difficile d'abolir l'esclavage et de reconnaître l'humanité d'autres hommes, malgré la différence de leur couleur de peau...

Le vampire : un *alter ego* ?

Malgré leurs différences, tous les personnages de *True Blood* ont un point commun : leurs difficultés à nouer des relations durables et épanouissantes avec les autres. Sookie a presque abandonné l'idée d'avoir un petit ami parce qu'elle ne peut sortir avec un garçon dont elle entend toutes les pensées ; son frère Jason accumule les conquêtes d'un soir et ne connaît l'harmonie avec Amy que sous l'emprise de la drogue ; Sam transpire la solitude en amoureux transi de Sookie au point qu'il se laisse tenter par une relation strictement sexuelle avec Tara, relation « sans attaches », mais qui ne peut pas fonctionner puisque comme le reconnaît elle-même Tara, « *I don't know how to be with others*[1] » (1×7). En fait, aucun de ces personnages ne sait ou ne peut rencontrer vraiment une *autre* personne : comment, en effet, accepter la différence de l'autre sans le réduire à cette différence ?

La philosophie a pris l'habitude de poser ce problème à travers le concept d'autrui et l'idée d'*alter ego* : l'autre personne est à la fois un *autre que moi* puisqu'il n'est pas moi et qu'il est différent, tout en étant à la fois un *autre moi* puisque comme moi, c'est un homme doté d'une subjectivité, d'une sensibilité, d'une mémoire... Toute la difficulté est là, dans ce mélange du même et de l'autre, d'identité et de différence, d'ombre et d'évidence. Si ces deux dimensions ne sont pas pensées en même temps, la singularité de l'altérité est perdue : ou bien on réduit autrui à sa seule différence et il

1. « *Je ne sais pas comment être avec les gens.* »

devient un étranger inconnu et inquiétant à l'humanité douteuse, ou bien on ne voit en autrui qu'un autre soi-même et l'on oublie alors sa subjectivité, sa personne et sa liberté, autrement dit toutes ces différences qui en font un être unique et indépendant.

L'arrivée à Bon Temps de « Vampire Bill » – comme l'appelle Hoyt, un des amis du frère de Sookie – vient illustrer à merveille la complexité de l'altérité d'autrui. On peut ainsi décrire la rencontre entre Sookie et Bill comme l'expérience chimiquement pure de la rencontre de l'altérité. D'un côté, quand Sookie voit entrer Bill dans le bar, elle reconnaît immédiatement un être différent, un vampire au visage pâle et à la présence mystérieuse, d'autant plus mystérieuse que pour une fois elle n'entend pas ses pensées. Cette différence l'attire et la séduit instantanément. D'un autre côté, elle est la seule à voir entrer une personne qu'il s'agit de servir comme n'importe quelle autre et sans doute aussi comprend-elle qu'elle rencontre un être qui est *comme* elle, c'est-à-dire irréductiblement différent des autres. Sookie peut entendre les pensées des autres, Bill est un vampire : chacun, en reconnaissant la différence de l'autre, reconnaît aussi que l'autre est comme lui, du fait même de sa différence. Autrui est un moi au même titre que moi, mais il n'est pas moi, il est un *moi autre*. Quand on pense le rapport à autrui à l'aide de ces catégories du même et de l'autre, on reste pris dans le cercle de l'identité et de la différence et autrui se trouve au croisement improbable de ces deux visages, dont la reconnaissance est tributaire d'un contexte qui fait plus ou moins ressortir telle ou telle qualité. Ainsi, après leur premier rendez-vous, Sookie est plus sensible aux différences de Bill lorsqu'elle dit à sa Grand-Mère : « *I don't think Bill and I have very much in common, he doesn't think the way we do, he doesn't fell the way we do, if he fells at all*[1] » (1×5). Pourtant, quelques épisodes plus tard, elle distinguera Bill des autres vampires : « *You are different. You have a heart whether it is beating or not, you can love*[2] » (2×5). Mais l'expérience d'autrui ne se réduit à pas

1. « *Je ne crois pas que Bill et moi avons beaucoup de points communs, il ne pense pas de la même manière que nous, il ne ressent pas de la même manière que nous, si tant est qu'il ressente quoi que ce soit.* »

2. « *Tu es différent. Tu as un cœur, qu'il batte ou non, tu es capable d'aimer.* »

à cette reconnaissance du même et de l'autre. Elle n'est pas seulement une comparaison où l'on comptabiliserait les points communs et les différences. Elle est aussi une expérience éthique : ce que Bill et Sookie ne vont pas tarder à découvrir...

Être responsable d'autrui...

Assez éloigné de la Louisiane et de ses vampires, le philosophe Emmanuel Levinas (1906-1995) propose d'approfondir la description de la rencontre avec autrui pour en saisir la réalité première : celle d'une responsabilité envers autrui. La rencontre de l'autre ne serait ainsi pas seulement celle d'un double différent, mais d'abord et surtout celle d'un engagement moral. Lisons plutôt :

> « *Positivement, nous dirons que dès lors qu'autrui me regarde, j'en suis responsable, sans même avoir à prendre de responsabilités à son égard ; sa responsabilité m'incombe. C'est une responsabilité qui va au-delà de ce que je fais.* [...]
>
> *La responsabilité en effet n'est pas un simple attribut de la subjectivité comme si celle-ci existait déjà en elle-même, avant la relation éthique. La subjectivité n'est pas un pour-soi, elle est, encore une fois, initialement pour un autre. La proximité d'autrui est* [...] *le fait qu'autrui n'est pas simplement proche de moi dans l'espace, ou proche comme un parent, mais s'approche essentiellement de moi en tant que je me sens — en tant que je suis — responsable de lui* [...].
>
> *Le lien avec autrui ne se noue que comme responsabilité, celle-ci d'ailleurs soit acceptée ou refusée, que l'on sache ou non comment l'assumer, que l'on puisse ou non faire quelque chose de concret pour autrui. Dire : me voici. Faire quelque chose pour un autre. Donner. Être esprit humain, c'est cela.* »
>
> Emmanuel Levinas, *Éthique et Infini*, © Fayard, 1982, Livre de poche, coll. « Biblio essais », 1994, p. 92 et suivantes.

■ La responsabilité comme proximité

Pour Levinas, la proximité avec autrui n'est pas une affaire de connaissance. On ne peut d'ailleurs jamais, au sens strict, connaître autrui car la connaissance est une opération de la raison qui consiste à réduire l'inconnu au connu à l'aide de catégories pré-établies. La connaissance ne rapproche pas : elle transforme en objet. Et lorsqu'il est question d'un autre homme, le connaître revient à le transformer en objet, alors même qu'il est un sujet. Comment donc s'approcher d'autrui ? Non pas par la connaissance, mais par l'expérience de sa présence. Levinas dit : « *Le lien avec autrui ne se noue que comme responsabilité.* » La véritable proximité avec un autre homme est plutôt une expérience éthique. Je me rapproche d'autrui quand je me sens concerné par lui, quand je me charge de lui et que je sens que son sort est irréductiblement lié au mien, même si je ne sais pas précisément ce qu'il faut faire. On peut donc fréquenter quelqu'un tous les jours sans en être véritablement proche dès lors qu'il nous regarde et que nous restons indifférents. Pour Sookie, il a suffi d'un regard quand Bill est entré dans le bar pour qu'elle fasse l'expérience de cette responsabilité. Alors que Bill est agressé par un couple de trafiquants de V — le sang de vampire utilisé comme drogue — sans rien *connaître* de lui, elle va pourtant se porter à son secours et le sauver. Dès lors, comment expliquer que l'on puisse être responsable de quelqu'un que l'on ne connaît pas ?

■ La responsabilité comme fondement de la subjectivité

La plupart du temps, on a tendance à se sentir responsable de ceux qui nous sont « déjà proches », tandis que le sort des inconnus importe peu. Levinas explique pourtant que c'est d'abord la responsabilité qui fait la proximité et non la proximité qui fait la responsabilité. La responsabilité est première parce qu'elle exprime l'essence de notre subjectivité qui est « *initialement pour un autre* » et non « *pour soi* ». Cela signifie que la subjectivité n'est plus définie comme un rapport de soi avec soi, selon le modèle cartésien de la substance pensante[1], mais d'abord et avant tout comme une ouverture à l'autre. Être un sujet, c'est être en attente d'autrui. On peut le comprendre autrement : un objet, une chaise par exemple, se définit par elle-même. Une fois qu'elle existe, elle n'a besoin de rien d'autre pour être ce qu'elle est. Même perdue dans le plus aride des déserts, une chaise est toujours une chaise. Un sujet, au contraire, est un être qui ne peut être authentiquement ce qu'il est sans relation avec d'autres êtres. Et par relation, il faut entendre « se sentir concerné par... », « se soucier de... ». Impossible d'être un sujet personnel sans ce souci de l'autre, sans cette responsabilité primordiale. Dès lors, n'est-ce pas cette subjectivité qui distingue l'homme de tous les autres êtres qui existent dans le monde ? Si Vampire Bill est capable d'une telle expérience de la responsabilité pour autrui, n'est-ce pas suffisant pour reconnaître qu'il a conservé son humanité, bien qu'il soit mort ?

La responsabilité comme humanité

« *Faire quelque chose pour un autre. Donner. Être esprit humain, c'est cela.* » La fin du texte est assez claire : l'expérience de la relation à autrui comme expérience de la responsabilité pour autrui définit précisément l'humanité de l'homme. Et ce au double sens anthropologique et moral de l'*humanité*. Un *humain* est un être capable *d'humanité*, au sens précis où il est capable de cette responsabilité pour un autre humain. C'est se sentir *obligé* par autrui, avant même toute réciprocité. Appellerait-on encore *homme* l'être qui refuserait totalement cette responsabilité et qui vivrait dans la plus profonde des indifférences aux autres hommes ? Que serait cet être rejetant toute possibilité de relation ? Dans *True Blood*, ils sont des vampires. En perdant leur humanité, ils ont perdu cette responsabilité pour les autres hommes. Pour Eric, Pam et les autres vampires, les humains ne sont plus que des « *blood bags* » et leur vie n'a pas de valeur en soi, si ce n'est comme moyen de s'alimenter. Toute la force de la figure du vampire réside dans cette inversion des conditions de la relation à

1. Voir sur ce point *Philosophie en séries*, le chapitre sur *Alias*, « Changer est-ce devenir quelqu'un d'autre ? Le cas Sydney Bristow » p. 119 et suivantes.

autrui : le vampire se nourrit des autres au lieu de s'en sentir responsable. Il traite les hommes comme des objets et non comme des sujets. En ce sens, la relation vampire-humain n'est pas éthique mais fonctionnelle, comme celle qu'il peut y avoir entre un homme et une tomate...

À ce régime, Vampire Bill tente de faire exception. Dans la mesure du possible, il refuse de se nourrir du sang des hommes et se limite au sang synthétique du Tru Blood. Du coup, il accepte de changer les conditions de sa relation aux autres hommes et la rencontre authentique de l'altérité redevient possible. Après que Sookie lui a sauvé la vie, c'est à son tour de sauver la vie de Sookie lorsque celle-ci subit les représailles des deux trafiquants de V qu'elle avait fait fuir. Bill sauve Sookie en lui faisant boire son sang de vampire, en inversant (ainsi) strictement la relation habituelle vampire-humain, au point de mettre en péril sa propre « vie » de vampire, comme le reconnaît Sookie dans le dernier épisode de la saison 1 : « *You were just willing sacrifice yourself to save my life*[1] » (1×12). Bill retrouve son humanité perdue parce qu'il est capable de cette expérience de la responsabilité pour autrui. Dans *True Blood*, et pour le philosophe Levinas, l'humanité est d'abord une condition éthique qui passe essentiellement par la reconnaissance de l'autre comme d'un être dont on est responsable[2]. Autrui n'est pas seulement un mystère d'identité et de différence, il est aussi celui avec qui l'on peut devenir pleinement soi-même, dès lors qu'on accepte d'être *engagé* par lui.

De la responsabilité à l'amour

Ainsi et contrairement à ce que l'on pourrait penser au premier abord, Bill et Sookie ne se protègent pas l'un l'autre parce qu'ils sont amoureux l'un de l'autre. C'est plutôt l'inverse : ils peuvent vraiment tomber amoureux l'un de l'autre, dès lors qu'ils ont fait chacun pour l'autre l'expérience de leur responsabilité et de leur disponibilité. Cela signifie qu'ils n'ont pas laissé leurs différences les séparer, en même temps qu'ils ne les ont pas

1. « *Tu étais prêt à te sacrifier pour sauver ma vie.* »
2. Le raisonnement vaut aussi pour le personnage de Sam. En prenant la forme d'un chien pour protéger Sookie, il incarne une forme symboliquement très riche (le chien de garde) de cette responsabilité pour autrui que définit Levinas.

oubliés non plus. Contre le mythe de l'âme-sœur ou le fantasme de l'amour fusionnel, *True Blood* met en scène la réalité du désir amoureux : l'amour se nourrit de la reconnaissance de l'altérité de l'être aimé et non pas de sa ressemblance. Reconnaître l'autre, dans sa différence autant que dans sa proximité, voilà bien la condition essentielle de l'amour authentique que Bill et Sookie découvrent. À des rythmes divers, tous les personnages de la série vont faire le même chemin : Jason avec Amy, Sam avec Tara, Hoyt avec Jessica et même Terry avec Arlene.

On aurait tort de réduire *True Blood* uniquement à « une série de vampires ». Le recours aux vampires n'est pas qu'un effet de mode. Le projet ici est bien plus large : il est politique, social, anthropologique et même métaphysique. Il s'agit de questionner la complexité de ce qui fait l'humanité de l'homme. La figure du vampire – au-delà de son fort potentiel de séduction – permet de poser d'emblée la question du statut de la différence et celle de la reconnaissance de l'altérité. À travers le décalage que le vampire impose, on comprend que l'humanité est d'abord affaire de reconnaissance et d'engagement éthique.

La saison 2 poursuit le projet d'une exploration du cœur de l'humanité mais avec une tonalité différente. Le récit s'organise autour de la question de la croyance, de sa place et de ses effets dans l'existence humaine. Le premier plan n'est plus occupé par les vampires mais par la nature mystérieuse du personnage de Maryann Forrester et par la renaissance de Jason Stackhouse au sein de la secte anti-vampire des *Fellowship of the Sun*.

Références

Titre original	*True Blood*
Créée par	Alan Ball
Nombre de saisons	3 saisons – 27 épisodes (4e saison en production)
1re diffusion	2008 (États-Unis) sur HBO 2008 (France) sur Orange cinémax puis 2010 sur NRJ 12
Vidéographie (zone 2)	1 coffret DVD par saison (1 et 2) Home Box Office, Inc.

Quelle éthique pour les hommes politiques ?

A LA MAISON BLANCHE

✓ L'éthique et la politique

« *You can conquest the world like Charlemagne, but you'd better be prepared to kill everyone* »
Leo McGarry[1] (1×3)

Politique-fiction… fiction éthique

Au Panthéon des séries télévisées, si un jour il y en a un, il y aura à n'en pas douter une place réservée pour la série *À la Maison Blanche*, créée par Aaron Sorkin en 1999. Cette place singulière, *À la Maison Blanche* l'obtient tant par la qualité de sa production, de son écriture et de son interprétation que par le sujet qu'elle traite : la vie politique de la première puissance mondiale, les États-Unis. Pendant sept saisons, soit presque l'équivalent de deux mandats d'un président américain, le spectateur de cette série est plongé dans le cœur battant de la politique en train de se faire, au plus près du quotidien du président imaginaire Josia Bartlet et de ses collaborateurs. *À la Maison Blanche* est la première série à articuler avec autant de pertinence et de finesse la description des réalités du métier politique et l'analyse des enjeux proprement politiques des décisions prises par ces hommes d'État. Autrement dit, le sujet de cette série est aussi

1. « *Vous pouvez conquérir le monde comme Charlemagne, mais il faudra que vous soyez préparé à éradiquer le genre humain.* »

bien *le* politique, c'est-à-dire une réflexion sur l'organisation de la société et sur l'État, que *la* politique, c'est-à-dire la manière d'exercer le pouvoir et de gouverner un pays. Sur ce dernier point précisément, la force d'*À la Maison Blanche* est de rendre familier ce qui, pour le spectateur-citoyen moyen, reste le plus souvent dans l'ombre des coulisses du pouvoir. La série laisse ainsi le temps aux hommes politiques d'être, précisément, mis en scène comme des hommes et non simplement comme des personnages de fictions ou des « personnages publics ». De même voyons-nous ce que l'on voit rarement : l'amont de la décision politique, les délibérations, les alternatives et les négociations qui donneront ensuite naissance à ces mesures dont le spectateur-citoyen est le destinataire final.

Autrement dit, en décrivant dans la durée le fonctionnement précis de la décision politique, *À la Maison Blanche* donne à voir l'éthique de l'action politique : le jugement de fond d'où elle procède en quelque sorte, incarnés par des personnalités singulières à l'épreuve de situations tout aussi singulières. Le succès de la série ne tient d'ailleurs pas tant à l'exemplarité parfaite du président mis en scène qu'à son réalisme éthique, c'est-à-dire à la mise en avant des difficultés éthiques de l'exercice du pouvoir. C'est là tout le problème car il n'est pas certain que l'éthique ait vraiment sa place dans le domaine politique. Comment en effet concilier le souci de la justice universelle et les nécessités de la raison d'État ? Depuis la tragédie d'Antigone dont Sophocle commença le récit, on sait que les impératifs de la conscience morale individuelle ont une fâcheuse tendance à se heurter à ceux de l'action politique, générés par le contexte très particulier que donne la détention du pouvoir. Le problème est d'autant plus concentré quand on exerce directement le pouvoir comme le président Bartlet et même quand on est un simple conseiller comme Sam Seaborn par exemple. Pourquoi donc ne pas passer la porte de cette Maison Blanche pour tenter d'y voir plus clair ?

Un avion abattu et une call-girl : panique à la Maison Blanche

Commençons par une petite précision : éthique et morale, est-ce la même chose ? N'en déplaise à tous ceux qui trouvent que parler d'*éthique* fait plus moderne que parler de *morale*, il n'y a pas vraiment de différence entre la morale et l'éthique : les deux sont relatives aux mœurs (*mores* en latin et *ethos* en grec) et renvoient à une réflexion sur l'action, sur les principes qui la dirigent ou qui permettent de l'évaluer selon le bien et le mal. Certains philosophes distinguent cependant les deux termes en renvoyant l'éthique à une réflexion plus relative et immanente (elle est élaborée dans un contexte donné) sur ce que l'on estime être bien tandis que la morale décrirait des obligations universelles qui s'imposent à moi. Sans entrer dans ce détail, nous parlerons ici indifféremment de morale ou d'éthique.

Une fois n'est pas coutume, c'est en se concentrant sur un seul épisode de la 1re saison de la série qu'il est possible de décrire l'enseignement moral que délivre la série à propos de l'action politique. Certes on perd ici la dimension spécifiquement sérielle de la mise en scène, mais cela permet en même temps d'affiner l'analyser et de montrer pour une fois toute la complexité de l'écriture d'un épisode. En choisissant un épisode de la 1re saison, c'est aussi une manière de poser le motif principal de la série à partir duquel la répétition et la variation pourront se construire.

Ce n'est en effet pas un hasard si « Riposte proportionnelle » (*A proportionnal response*), 3e épisode de la 1re saison, est rapidement devenu l'un des plus célèbres de toute la série. Il pose d'emblée la question de l'éthique du politique en liant deux situations morales caractéristiques qui se répondent l'une l'autre. D'un côté, le président Bartlet, fraîchement élu, se trouve confronté à sa première crise internationale : un avion militaire américain, avec à son bord notamment le médecin personnel du président, a été abattu au-dessus de l'espace aérien syrien. Se pose donc la question des représailles : Bartlet commence par en faire une affaire personnelle et réclame la justice par la force quel que soit le prix à payer. Il faut toute la fermeté et la patience de son ami et secrétaire général de la Maison Blanche,

Léo McGarry, pour le raisonner et le convaincre d'une réaction plus mesurée. D'un autre côté, Sam Seaborn, directeur de la communication adjoint, se voit reprocher la relation qu'il entretient avec une call-girl, notamment au vu des conséquences qu'une telle relation pourrait avoir sur l'image de l'administration et par voie de conséquence sur celle du président. Il décide néanmoins d'assumer cette relation au nom de ses convictions progressistes et renvoie les autres conseillers à leur propre cohérence morale. Il considère comme étant de son devoir d'aider cette jeune femme et de la sortir de cette situation. D'un côté donc le président Bartlet abandonne sa conviction première au nom de ses conséquences et d'un autre côté, dans le même épisode, Sam Seaborn refuse l'argument des conséquences et s'en tient à sa conviction. Entre conviction et responsabilité, quelle est donc l'éthique de l'homme politique ? Pour exercer avec justice le pouvoir, faut-il s'en tenir à des principes universels ou bien au contraire subordonner ses principes au calcul des conséquences et faire preuve de responsabilité ? Mais entre l'expérience de Sam et celle du président, y en a-t-il seulement une qu'il faut privilégier ? L'opposition n'est-elle pas avant tout révélatrice de l'impossibilité d'une morale constante et régulière en politique ?

Conviction et responsabilité : Max Weber dans le Bureau ovale

80 ans tout juste avant le début des aventures d'*À la Maison Blanche*, en 1919, le sociologue Max Weber (1864-1920) donne une conférence intitulée *Le Métier et la vocation d'homme politique* qui est restée comme un modèle d'analyse de la situation morale particulière dans laquelle se trouve l'homme politique. Écrite au lendemain de la Première Guerre mondiale et de ses millions de morts, cette conférence vise aussi bien les pacifistes que les révolutionnaires dans leur rapport à la violence et dans leurs ambitions politiques. Elle permet surtout de cerner très précisément la question de la morale du politique en la situant entre conviction et responsabilité, comme on le comprend dans les extraits suivants :

> « *Nous en arrivons ainsi au problème décisif. Il est indispensable que nous nous rendions clairement compte du fait suivant : toute activité orientée*

selon l'éthique peut être subordonnée à deux maximes totalement différentes et irréductiblement opposées. Elle peut s'orienter selon l'éthique de la responsabilité [verantwortungsethisch] *ou selon l'éthique de la conviction* [gesinnungsethisch]. *Cela ne veut pas dire que l'éthique de la conviction est identique à l'absence de responsabilité et l'éthique de responsabilité à l'absence de conviction. Il n'en est évidemment pas question. Toutefois, il y a une opposition abyssale entre l'attitude de celui qui agit selon les maximes de l'éthique de conviction – dans un langage religieux nous dirions : "Le chrétien fait son devoir et en ce qui concerne le résultat de l'action il s'en remet à Dieu" –, et l'attitude de celui qui agit selon l'éthique de responsabilité qui dit : "Nous devons répondre des conséquences prévisibles de nos actes".* [...]

On le voit maintenant, l'éthique de la conviction et l'éthique de la responsabilité ne sont pas contradictoires, mais elles se complètent l'une l'autre et constituent ensemble l'homme authentique, c'est-à-dire un homme qui peut prétendre à la "vocation politique". »

Max Weber, « Le Métier et la vocation de l'homme politique », in *Le Savant et le Politique*, © Union générale d'éditions, 10-18, 1963, pp. 202 et suivantes.

À l'aide de ces deux catégories que sont l'éthique de la responsabilité et l'éthique de la conviction, construites à partir de l'héritage philosophique issu à la fois de Machiavel et de Kant, Weber se donne les moyens de penser la tension qui, selon lui, traverse inéluctablement toute action humaine. La situation politique est alors la situation privilégiée pour y réfléchir car la politique se caractérise essentiellement par le rapport de force et la gestion de la violence. À ce titre, elle ne peut se passer d'une réflexion éthique, au risque sinon des plus grandes catastrophes.

■ L'éthique de responsabilité : Bartlet et l'apprentissage de la riposte proportionnée

L'éthique de la responsabilité est indéniablement celle de l'homme d'action et c'est tout l'enjeu de l'épisode que de le faire comprendre au nouveau président Bartlet. Dès la nouvelle de l'attaque syrienne connue, le chef d'état-major américain a préparé un projet de représailles proportionnées consistant dans le bombardement de sites stratégiques sur le territoire syrien. D'emblée, Bartlet demande : « *What is the vertu of a proportionnal response*[1]*?* », estimant que la riposte prévue est trop légère, remettant ainsi en cause le principe même du calcul des conséquences dans l'élaboration de la riposte. Il suggère même à ses collaborateurs de travailler à un plan de « *disproportionnal response* » afin que la violence extrême de la riposte rappelle à tous les pays du monde que l'on ne s'en prend pas impunément à des citoyens américains. La première réaction du président Bartlet n'est donc pas fondée sur la morale de la responsabilité, dont la caractéristique principale tient à la considération des conséquences. Seules l'émotion et l'indignation le dominent dans un premier temps et lui font perdre de vue les conséquences d'une riposte disproportionnée : la surenchère dans la violence et le déclenchement d'un conflit potentiellement mondial, « *je vais les balayer de la surface de la Terre avec toute la violence de la foudre divine* ».

Mais ne nous y trompons pas : en insistant sur la considération des conséquences pour diriger l'action, Weber décrit en fait une morale de l'efficacité qui se soucie des moyens et de leur conséquence uniquement pour pouvoir parvenir à la fin voulue. Une telle morale ne prescrit donc pas intrinsèquement la poursuite d'une fin bonne, mais simplement le choix de moyens adaptés au but que l'on veut atteindre. Si donc la première réaction de Bartlet ne s'inscrit pas dans cette éthique de la responsabilité, ce n'est pas parce que la fin qu'il poursuit n'est pas bonne (au contraire, il cherche à protéger la vie de ses concitoyens), mais c'est parce que les moyens qu'il propose ne sont pas adaptés à cette fin poursuivie...

Le premier devoir de l'homme politique, à plus forte raison quand il a été élu, c'est de pouvoir répondre de ses actes. Et pour pouvoir répondre de ses actes, il faut qu'il prenne le temps, avant de choisir et de recourir à une forme ou une autre de violence, d'analyser les conséquences prévisibles de son action. C'est le seul moyen de construire une action politiquement

1. « *Quelle est la vertu d'une riposte proportionnée ?* »

efficace, c'est-à-dire dont les moyens employés contribuent effectivement à produire la fin poursuivie. Comme souvent dans cette série, il faut en passer par une conversation franche avec Leo McGarry pour que Bartlet révise son jugement. Et après réflexion, Bartlet revient à la première option : la riposte proportionnée, dont les conséquences ont été minutieusement calculées et qui permettent d'atteindre la fin voulue, la punition, sans prendre le risque de la perte de contrôle comme l'avait rappelé Léo dans une réplique que Weber ne renierait pas : « *It's how the most powerful nation behaves. It's proportionnal, reasonnable, responsible, mercyful*[1]. » La force extraordinaire de l'armée américaine impose à son commandant en chef de faire preuve de responsabilité. Comme on le comprend en regardant cet épisode, ce n'est pas le chemin le plus facile à emprunter : il faut à la fois apprendre cette responsabilité et en même temps en avoir le courage et ça, ça ne s'apprend pas. Reste que pour être complète, selon le mot de Weber, encore faut-il que cette éthique de la responsabilité soit associée à une éthique de la conviction. Mais comment associer deux attitudes opposées ?

■ L'éthique de la conviction : Sam Seaborn et l'exigence de pureté morale

Pendant que d'un côté on s'occupe de la réponse militaire, d'un autre côté les conseillers politiques travaillent à la réponse politique. CJ Cregg, Sam Seaborn et Toby Ziegler préparent des communiqués de presse et un discours pour expliquer la réponse américaine. Mais au milieu de toute cette effervescence, la relation que Sam entretient avec une call-girl refait surface. Apparemment ce n'est vraiment pas le moment et on se dit que l'épisode va emprunter deux chemins narratifs bien déséquilibrés : une crise internationale d'une part et une simple question de mœurs relative à un conseiller politique d'autre part. Mais à entendre Sam expliquer ses choix et assumer sa relation quand CJ lui demande d'y mettre un terme, on comprend qu'il est encore question de la morale de l'homme politique et que ce discours se

1. « *C'est le comportement qui convient à une nation qui est la plus puissante du monde. C'est proportionné, raisonnable, responsable, c'est une preuve de clémence.* »

présente donc comme le contrepoint nécessaire de ce qui se joue du côté de Bartlet. Sam justifie en effet son comportement par la conviction qu'il a de faire le bien lorsqu'il dit : « *Et je serai vraiment ravi que grâce à l'amitié que je lui porte cette jeune femme puisse se remettre dans le droit chemin afin de s'assurer un avenir meilleur ; n'est-ce pas exactement ce que nous sommes tous censés faire ici ?* » et un peu plus loin : « *Et il est grand temps que l'on passe un peu moins de temps à paraître bon et un peu plus...* », « *un peu plus à l'être* » répond alors CJ en finissant la phrase à sa place.

La morale de la conviction, décrite par Weber et dont Sam est un bon représentant dans ce passage, prescrit en effet à chacun d'agir selon ses sentiments profonds, sans que la considération des conséquences n'intervienne dans le choix. Sam ne se soucie pas des conséquences, lui qui travaille « *à 15 mètres du président* » comme le lui fait remarquer CJ, et qui est convaincu de faire le bien en aidant cette femme dans le prolongement direct de son engagement politique : aider les gens à avoir une vie meilleure. L'homme de conviction reste fidèle à son idée du bien et refuse de répondre des conséquences de ses actes car comme l'explique Weber, si « *les conséquences d'un acte fait par pure conviction sont fâcheuses, le partisan de cette éthique n'attribuera pas la responsabilité à l'agent, mais au monde, à la sottise des hommes ou encore à la sottise des hommes qui a créé les hommes ainsi* ». Au moment où le président Bartlet abandonne l'éthique de conviction au profit de l'éthique de la responsabilité, Sam incarne la position inverse. La rencontre entre les deux situations, juxtaposées dans la narration de l'épisode, donne un effet réflexif évident : la situation de Sam permet de mettre en perspective celle du président et celle du président fonctionne comme le contrepoint nécessaire de celle de Sam. La logique narrative de l'épisode est donc ici clairement une logique morale en ce qu'elle met en scène « *l'opposition abyssale* » entre les deux éthiques dont parle Weber. Pour autant, cette opposition conduit-elle à une contradiction ? Sa mise en scène dans un même épisode n'est-elle pas précisément le signe qu'elles sont complémentaires ?

Conviction et responsabilité : une opposition féconde pour l'action politique ?

Exposées en leurs principes, les deux éthiques présentées par Weber s'opposent *a priori* de manière inéluctable. Pourtant, il remarque lui-même que cette opposition cache en fait une complémentarité qui est le propre de l'éthique du politique : « *Elles se complètent l'une l'autre et constituent ensemble l'homme authentique, c'est-à-dire un homme qui peut prétendre à la "vocation politique".* » Comment comprendre cette complémentarité ?

Ce que fait Weber, et ce que nous montre cet épisode d'*À la Maison Blanche*, c'est que les deux morales prises isolément, dans la rigueur de leurs maximes, sont toutes deux insatisfaisantes : aucune des deux ne peut constituer à elle seule la morale de l'homme politique. Si l'on s'en tient seulement à l'éthique de la responsabilité, le jeu des conséquences prend finalement le pas sur la fin voulue. Bartlet voulait réaffirmer la puissance de la nation américaine et rappeler que l'on ne pouvait s'en prendre impunément à l'un de ses citoyens, mais au nom de la responsabilité, il doit accepter que sa démonstration soit moins éclatante – dans notre contexte, moins violente. De même, si l'on s'en tient, comme Sam, à la seule éthique de la conviction, on risque de tomber ou bien dans la naïveté, ou bien dans la plus grande des cruautés. Sam se situe du côté de la naïveté et c'est sans doute aussi la raison de son agacement : il se rend compte que ses choix ne sont pas à la hauteur de son métier d'homme politique. Il aurait dû en effet comprendre que, pour un homme qui occupe les fonctions de conseiller du président, il était impossible de ne pas tenir compte des conséquences d'une telle fréquentation. Il devient donc clair que la morale de la conviction ne peut pas être la seule morale de l'homme politique car il n'est pas raisonnable, quand on répond à cette vocation politique, d'être totalement indifférent aux conséquences de ses actes et de n'obéir qu'à sa conscience morale. Autrement dit, ces deux morales prises et décrites isolément ne sont que des types idéaux qui, dans la pratique, c'est-à-dire confrontés aux situations particulières, ne doivent fonctionner que de manière complémentaire. L'homme politique doit se tenir en permanence entre la conviction et la responsabilité, ne modérant ses convictions qu'au nom des conséquences des choix qu'elles impliquent, dans la limite cependant de la cohérence morale, c'est-à-dire de la compatibilité entre les moyens adoptés et la fin poursuivie.

Finalement, la complémentarité de la conviction et de la responsabilité peut être pensée sous le régime de l'*antinomie* telle que l'a définie le philosophe Kant : une contradiction dont la confrontation des termes encourage en permanence la recherche d'une nouvelle voie de conciliation. L'action raisonnable de l'homme politique s'inspire en permanence de ces deux attitudes que l'on peut qualifier de réaliste pour l'éthique de la conviction et d'idéaliste pour l'éthique de la conviction. La morale a donc (bien) sa place en politique : une place problématique mais indispensable pour que l'action politique ne se résume pas à n'être qu'à un simple déchaînement de violence.

Une fois le thème magistralement posé dans ce 3e épisode, la série *À la Maison Blanche* peut donc se déployer sur cette ligne et explorer en détail la complexité de cette morale de l'action politique. En variant plus ou moins les cas, en répétant plus ou moins strictement les attitudes, l'antinomie entre conviction et responsabilité est régulièrement mise en scène dans les épisodes suivants par exemple : dans la saison 1 lorsque Léo est rattrapé par son passé d'alcoolique, dans la saison 2 à propos de la maladie du président, dans la saison 3 quand il est question de l'assassinat d'un diplomate étranger, etc.

En se saisissant pendant 7 ans de cette question et en proposant aux spectateurs tout un répertoire de modèles, de cas typiques, de contre-exemples et d'erreurs, *À la Maison Blanche* est un exemple de plus de la capacité de la fiction sérielle à représenter les réalités les plus complexes sans succomber à l'accusation courante de simplification.

Bien que le récit soit inscrit dans le cadre spécifique de la politique américaine, elle s'adresse cependant à n'importe quel citoyen de n'importe quel pays du monde grâce à sa hauteur de vue morale.

Références

Titre original	*The West Wing*
Titre français	*À la Maison Blanche*
Créée par	Aaron Sorkin
Nombre de saisons	7 saisons – 155 épisodes (série terminée en 2006)
1re diffusion	1999 (États-Unis) sur NBC 2001 (France) sur France 2 puis 2005 sur France 4
Vidéographie (zone 2)	1 coffret DVD par saison (1 à 7) 1 coffret intégral Warner Home Video

Un braquage permet-il de laver son honneur... quand on est flic ?

BRAQUO

✓ L'honneur, la liberté et l'égalité

« La connerie de notre vie c'est d'avoir cru qu'on pourrait laver l'honneur de Max. Ce qu'on n'a pas compris, c'est qu'en se flinguant Max a emporté avec lui le peu de foi qui nous restait dans ce métier de con »
Eddy Kaplan (1×8)

Du noir, un peu de gris et encore du noir...

Il y a du cuir, de grosses voitures sombres, des bureaux en sous-sol et sans fenêtres, des petits matins crépusculaires et des nuits qui n'en finissent pas de s'étirer. Les visages sont fatigués, les yeux perdus et la fragilité des êtres coule de partout. « Série noire », *Braquo* l'est à double titre. D'abord parce que cette série raconte la lente descente aux enfers d'une équipe de quatre policiers du groupe voie publique du SDPJ des Hauts-de-Seine, au rythme d'un engrenage infernal et inextricable où chaque nouvelle initiative resserre un peu plus la nasse dans laquelle ils se trouvent enfermés. Ensuite parce que la noirceur de l'univers et des personnages est au rendez-vous dans chaque épisode et que c'est finalement le sceau de la tragédie qui vient s'imposer sur cette 1re saison.

Tout commence par le suicide de Max Rossi, le chef du groupe, qui ne supporte pas qu'une enquête de l'IGS, la police des polices, soit ouverte sur lui parce qu'il a frappé un jeune homme suspecté de meurtre lors d'une garde à vue. Du coup Eddy, Walter, Théo et Roxane, les collègues laissés orphelins, sont bien décidés à laver la mémoire de leur chef. Pour cela, ils s'embarrassent assez peu du respect de la procédure : ils kidnappent le suspect gardé à vue, ils dissimulent des preuves et règlent leurs comptes directement avec quelques truands. Mais rien ne se passe comme prévu et chaque pas fait de côté les entraîne un peu plus loin dans une nouvelle dérive qu'ils ont du mal à rattraper. *Braquo* raconte l'histoire de quatre policiers qui sombrent dans une dérive infernale, allant jusqu'à participer à un braquage, au nom d'un certain sens de l'honneur, tandis que leur hiérarchie, l'IGS et la Justice les poursuivent au nom du respect du droit et de l'égalité de tous les hommes, qu'ils soient flics ou truands.

Flics ou voyous : la confusion des genres

À ce titre, *Braquo* n'est pas une série policière comme les autres. Il ne s'agit pas ici de résoudre une enquête et d'arrêter des criminels. L'intrigue policière n'est pas non plus un prétexte pour porter un regard sur la société et ses problèmes. Non, ici, il est question d'honneur : tout est une question d'honneur. Partis pour sauver l'honneur de leur chef, les hommes d'Eddy entrent dans une spirale incontrôlable qui les conduit au crime et à l'échec comme s'il était devenu impossible d'être un homme d'honneur dans une société démocratique. D'un côté en effet, on les observe comme les derniers représentants d'une caste qui s'autorise le franchissement des règles communes, au nom d'une certaine idée de la justice. Et d'un autre côté, les institutions judiciaire et policière, en les personnes du procureur Vanderbeke et du commandant Vogel, les poursuivent au nom précisément de la règle commune, valable même pour les policiers, et au nom donc de ce principe fondamental des sociétés démocratiques : l'égalité de tous devant la loi. Comment comprendre cette opposition ? Comment comprendre que tous ne s'entendent pas alors qu'ils doivent être normalement, du même côté, c'est-à-dire du côté des bons contre les méchants ? À travers cette question de l'honneur, *Braquo* met en scène deux conceptions de la liberté, qui commandent à leur tour deux états moraux et deux conceptions de l'ordre social mais qui sont proprement incompatibles. C'est ce qu'il faut maintenant expliquer dans le détail.

Kaplan et son équipe : derniers représentants de la morale aristocratique

Quand on lui demande de dire ce qu'est un honnête homme, voilà ce que répond le commandant Kaplan : « *Moi, je ne sais pas ce que c'est qu'un honnête homme et je n'en ai jamais connu. Par contre je peux essayer de vous expliquer ce que c'est qu'un héros : c'est quelqu'un qui fait tout ce qu'il peut et qui relève les gants même si toutes les chances sont contre lui* » (1×4). En quelques phrases, Eddy exprime un des traits essentiels de la culture aristocratique — et il en reprend même le vocabulaire — telle qu'elle a pu être analysée par un philosophe comme Tocqueville (1805-1859). Pour Tocqueville en effet, la culture aristocratique est d'abord une culture de l'individualité. Homme de l'Ancien Régime et figure d'opposition idéale à l'homme démocratique, l'aristocrate est un homme qui ne se soucie pas en premier lieu de faire le bien et d'être « honnête » mais un homme conscient de sa différence et adepte d'une morale héroïque qui puise à une certaine conception de la liberté comme on le comprend dans les lignes suivantes :

> « *La liberté peut en effet se produire à l'esprit humain sous deux formes différentes. On peut voir en elle l'usage d'un droit commun ou la jouissance d'un privilège. Vouloir être libre dans ses actions ou dans quelques-unes de ses actions, non point parce que tous les hommes ont un droit général à l'indépendance, mais parce qu'on possède soi-même un droit particulier à rester indépendant, telle était la manière dont on entendait la liberté au moyen âge, et telle on l'a presque toujours comprise dans les sociétés aristocratiques, où les conditions sont très inégales, et où l'esprit humain, ayant une fois contracté l'habitude des privilèges, finit par ranger au nombre des privilèges l'usage de tous les biens de ce monde.* [...]
>
> *Cette notion aristocratique de la liberté produit chez ceux qui l'ont reçue un sentiment exalté de leur valeur individuelle, un goût passionné pour*

l'indépendance. Elle donne à l'égoïsme une énergie et une puissance singulière. Conçue par les individus, elle a souvent porté les hommes aux actions les plus extraordinaires ; adoptée par une nation tout entière elle a créé les plus grands peuples qui fussent jamais. »

Alexis de Tocqueville, « L'État social et politique de la France avant et depuis 1789 », 2e partie, in *L'Ancien Régime et la Révolution*, Garnier-Flammarion, 1988, pp. 79-80.

Une liberté comme privilège

Tocqueville donne ici deux définitions de la liberté : la liberté comme « *droit général à l'indépendance* » et la liberté comme « *privilège* » particulier. La différence entre les deux est une question d'égalité. Dans le premier cas, la liberté est égale pour tous et c'est ce qui en fait le fondement de l'état social démocratique : personne ne peut réclamer « plus » de liberté que les autres, quel que soit son statut ou ses actions. Dans le second cas, la liberté est réservée à certains, à ceux qui la méritent, du fait de leur naissance ou de leur fonction sociale, et la répartition de cette liberté est nécessairement inégalitaire : c'est la structure de l'état social aristocratique. Les « héros » de *Braquo* penchent pour cette seconde version de la liberté. En tant que policiers ils usent de leur liberté comme d'un privilège et refusent absolument de partager une condition égale avec les criminels qu'ils poursuivent. D'où leur incompréhension par exemple que l'on puisse en vouloir à leur ancien chef, Max Rossi, pour avoir frappé, lors d'une garde à vue, le meurtrier d'une femme enceinte. Le problème c'est qu'Eddy et ses hommes incarnent un type humain aristocratique en total décalage avec les fondements de l'État social démocratique dans lequel ils vivent.

L'aristocratie ou le régime de l'honneur

Fort de cette conception de la liberté comme un privilège particulier, l'homme aristocratique est alors nécessairement un homme d'honneur. Qu'est-ce que l'honneur ? Le second paragraphe de l'extrait répond à cette question : c'est le « *sentiment exalté de* [sa] *valeur individuelle* ».

Une passion de soi et de la différence de sa condition. Être un homme d'honneur c'est être conscient de sa différence et refuser toute égalisation de sa condition avec des hommes qui n'ont pas droit à la même liberté. En ce sens, l'honneur est le code moral d'une classe supérieure et sa validité est intrinsèquement liée à l'existence d'une société hiérarchisée dans laquelle donc les conditions sont inégales. C'est dans ce monde que vivent Eddy, Théo, Walter et Roxane : un monde dans lequel un policier ne peut pas être confondu avec un criminel, un monde dans lequel, pour faire efficacement leur métier, leur indépendance ne doit jamais être remise en cause, un monde enfin dans lequel on reste loyal à ses semblables, jusqu'au bout, au nom précisément de cette différence de condition. Et quand cet honneur est mis en cause, la blessure est si profonde que la mort est la seule issue : c'est ce qui arrive à Max Rossi, c'est ce qui arrive aussi finalement au père de Roxane. On comprend mieux alors comment des policiers peuvent en venir à mépriser les procédures et à verser dans la violence excessive à l'égard d'hommes qu'ils ne reconnaissent pas comme leurs semblables.

Il n'empêche que *Braquo* ne fait pas l'apologie naïve de ce régime et prend le temps à travers les 8 épisodes de la 1re saison d'en montrer les contradictions qui conduisent Eddy et Théo à monter un braquage avec Lemoine, un braqueur qu'ils poursuivent pourtant dans une autre enquête. On a le temps aussi d'en mesurer toute la cruauté à travers le quasi-sacrifice de l'avocat de ce même Lemoine. Au nom de l'honneur, petit à petit, tous les moyens sont bons pour parvenir à leur fin et c'est cette radicalité qui les perd peu à peu.

Mais de l'autre côté, le procureur Vanderbeke et son acolyte, le commandant Vogel de l'IGS, composent deux personnages qui sont l'occasion d'une mise en scène tout aussi fine des contradictions de la morale démocratique dont ils sont les prétendus défenseurs.

Vanderbeke et Vogel ou les impasses de la morale démocratique

Après qu'elle a décidé de laver l'honneur de son chef, l'équipe de Kaplan se trouve prise dans une enquête de l'IGS menée par le commandant Vogel et dirigée en sous-main par le procureur Vanderbeke. Ces deux représentants de l'institution, judiciaire d'une part et policière d'autre part, apparaissent d'abord comme bien décidés à faire respecter le droit et à punir les méthodes illégales de la petite équipe du SDPJ 92. En cela, ils incarnent le refus de l'exception et du privilège et garantissent aussi le respect d'une égale soumission à la loi qui est le principe de l'état de droit démocratique, devant s'appliquer tout autant aux policiers qu'aux criminels. Là encore, quelques lignes de Tocqueville permettent assez bien d'analyser leur mission à travers les valeurs de la culture démocratique : « *Mais ils ont pour l'égalité une passion ardente, insatiable, éternelle, invincible ; ils veulent l'égalité dans la liberté, et, s'ils ne peuvent l'obtenir, ils la veulent encore dans l'esclavage. Ils souffriront la pauvreté, l'asservissement, la barbarie, mais ils ne souffriront pas l'aristocratie*[1]. »

L'opposition entre les deux modèles est inévitable. Et parce qu'elle repose en son fond sur une passion – tout comme le sens de l'honneur de la culture aristocratique était aussi une passion – la morale démocratique finit par connaître elle aussi l'excès et la contradiction. Quelques années après Tocqueville, un autre philosophe, Nietzsche (1844-1900), réfléchit à cette opposition entre la morale aristocratique et la morale démocratique et dénonce avec force la duplicité de l'homme démocratique dans un passage célèbre de son livre *Ainsi parlait Zarathoustra* :

> « *Ainsi je parle en image, vous qui aux âmes donnez le tournis, vous les prêcheurs d'égalité ! Vous m'êtes des tarentules, et de secrets vindicatifs !*
>
> *Mais vos cachettes, dorénavant je les veux démasquer : pour quoi je vous ris à la face, de mon rire des cimes.*
>
> *Pour quoi je déchire votre toile afin que de votre trou à mensonges votre rage vous fasse sortir et que derrière votre mot "justice" surgisse votre vengeance.*

1. Tocqueville, *De la démocratie en Amérique*, tome II, Garnier-Flammarion, p. 123.

De la vengeance que l'homme, en effet, soit affranchi, tel est pour moi le pont vers l'espérance la plus haute, et c'est un arc-en-ciel après de longues tempêtes.

Mais autre chose certes veulent les tarentules : "Soit justement notre justice que s'emplisse le monde des tempêtes de notre vengeance !"– ainsi se disent l'une à l'autre.

"Vengeance nous voulons et calomnie contre tous ceux qui point ne nous ressemblent" – ainsi se font serment les tarentules.

"Et vouloir d'égalité, – cela même dorénavant doit devenir le nom de la vertu, et contre tout ce qui a puissance nous voulons élever notre clameur !"

Ô vous prêcheurs d'égalité, le tyrannique délire de l'impuissance ainsi par votre clameur réclame "égalité" ; ainsi les plus secrètes de vos tyranniques envies se travestissent en paroles de vertu ! »

Friedrich Nietzsche, *Ainsi parlait Zarathoustra*, « Des tarentules », traduit par Maurice de Gandillac, © éditions Gallimard, coll. « Folio Essais », pp. 128-129.

■ Le travestissement de l'égalité : sous la justice, la vengeance

Dans un style poétique et radical, Nietzsche dénonce l'hypocrisie des « *prêcheurs d'égalité* » et de leur « *morale démocratique* » comme il la désigne dans un autre texte. Il compare ces hommes à des tarentules : de grosses araignées qui tissent peu à peu leur toile comme un piège. Pour l'homme démocratique, l'égalité est la valeur de référence à partir de laquelle peuvent être déduites les autres valeurs morales de bien, de justice et d'ordre. Si Vogel et Vanderbeke sont pris ici comme les symboles de cette morale démocratique c'est qu'ils ne supportent pas de voir la liberté que prennent Kaplan et son équipe et la distinction qu'elle suppose. Par leur fonction, ils s'attachent donc tout particulièrement à ce qu'ils soient traités comme n'importe quel autre policier et même comme n'importe quel autre citoyen, au nom de l'égalité de tous devant la loi. On pourrait penser un instant que cette exigence d'égalité n'est pas tout à fait injuste et qu'il faut la faire respecter. Nietzsche le refuse catégoriquement pour deux raisons. D'abord parce qu'exiger l'égalité c'est tout simplement ne pas être assez fin pour voir qu'il y a différents types d'hommes, des forts et des faibles, et que les mêmes exigences morales ne peuvent valoir pour tous de la même manière. En fait réclamer cette égalité, c'est immédiatement le signe de son infériorité car cela revient à avouer que l'on n'a pas compris la distinction qu'il y a entre les forts et les faibles, entre ceux qui se ressemblent en masse et « *tous ceux qui point ne nous ressemblent* » comme dit le texte. Ensuite parce que cette revendication d'égalité n'est pas pure et qu'elle dissimule en réalité une volonté de vengeance : « *Pour quoi je déchire votre toile afin que de votre trou à mensonges votre rage vous fasse sortir et que derrière votre mot "justice" surgisse votre vengeance.* » L'homme démocratique confond justice et vengeance puisque réclamer justice consiste à réclamer l'égalité et que réclamer l'égalité revient à dépouiller de leur honneur et de leur vertu, tous ceux qui assument leur distinction. De fait, dans *Braquo* on comprend dans le dernier épisode que l'acharnement du procureur Vanderbeke à mettre au pas Kaplan et son groupe puise à un désir de vengeance. Quelques années auparavant, Rossi, Kaplan et les autres ont tué son fils adoptif, converti à l'islam et trempant dans des affaires de terrorisme. Ce qui ressemblait depuis le début à une Justice en train de faire son travail n'était en fait, selon la prévision de Nietzsche, que le moyen d'assouvir une vengeance. Mais pourquoi la morale démocratique est-elle incapable d'être juste ? Pourquoi se réduit-elle à de la vengeance ?

■ Puissance et impuissance

La deuxième leçon à tirer de la lecture de ce texte et du visionnage de *Braquo*, c'est que la morale démocratique est une « morale d'esclave » c'est-à-dire une morale d'hommes impuissants : « *Et contre tout ce qui a puissance nous voulons élever notre clameur !* » L'impuissance est à comprendre ici comme une incapacité à affirmer sa vie. L'homme impuissant n'est pas suffisamment fort pour être toujours dans l'action, dans l'initiative, dans la nouveauté et pour ne pas tomber dans la réaction ou dans la répétition. À l'inverse, l'aristocrate, figure de l'homme puissant pour Nietzsche, se reconnaît d'abord à la dynamique de la vie qui l'anime.

Plus elle est active et plus l'homme est puissant, plus elle est réactive et plus l'homme est impuissant. Kaplan et ses hommes sont sans cesse dans l'action et dans l'invention de nouvelles tactiques pour remplir efficacement leurs missions. Mais si le prêcheur d'égalité est un impuissant c'est non seulement qu'il n'est pas capable d'être actif, mais c'est aussi qu'il réagit à l'activité de ceux qui en sont capables en s'y opposant et en réclamant justice contre eux. Et comme, précisément, il est dans la réaction, la réclamation de justice ne peut être qu'une vengeance. Dans *Braquo* ce sont encore les personnages de Vogel et de Vanderbeke qui incarnent cette impuissance et cette réaction. Symboliquement d'ailleurs, en tant que membre de l'IGS, le commandant Vogel intervient toujours en *réaction* aux actions conduites par les policiers de terrains.

L'impuissance des « tarentules » est donc une impuissance à vivre. Puisqu'il n'est pas très confortable de se savoir inférieur, il s'agit d'inventer une morale qui justifie cette impuissance et la vie de réaction qu'elle entraîne, comme une vie de vertu, exigeant la justice par l'égalité. Secrètement conscients de leur infériorité et incapables de se défaire d'une jalousie primordiale, les « tarentules », qui ont pour elle la force du nombre, imposent peu à peu leur « morale du ressentiment », selon une autre expression de Nietzsche, et disqualifient tous ceux qui emploient leur énergie à vivre selon la morale aristocratique. C'est de ce large ressentiment démocratique que Kaplan et ses hommes sont les premières victimes. Est-ce à dire qu'à l'ère démocratique il n'est plus temps d'être un héros ?

La fin de l'héroïsme

Depuis des années, les séries policières construisent sous toutes les coutures la figure du policier comme celle du héros des temps modernes. Le policier est tour à tour le gardien du sommeil des honnêtes gens, le dernier rempart contre la corruption des mœurs, le représentant, dans la boue des passions humaines, de l'ordre et de la justice. Mais si l'on avale toutes ces images, on ne s'aperçoit pas toujours de la contradiction qu'elles abritent. Pour exister en effet, le héros a besoin d'incarner une supériorité qui légitime sa différence et l'honneur qu'on lui doit. Le paradoxe c'est que la culture démocratique ne supporte pas la différence et l'inégalité dont l'héroïsme a besoin pour se constituer. Au sein du genre, la nouveauté d'une série comme *Braquo* et la finesse du regard de son créateur, Olivier Marchal, c'est de raconter, non sans un certain romantisme noir, l'impossibilité de l'héroïsme dans les temps modernes.

Références

Titre	*Braquo*
Créée par	Olivier Marchal
Nombre de saisons	1 saison – 8 épisodes (2e saison en production)
1re diffusion	2009 (France) sur Canal +
Vidéographie (zone 2)	1 coffret DVD de la saison 1 Studio Canal

Nurse Jackie :
le cœur du *care*[1]...

NURSE
JACKIE

✓ L'éthique du *care*

« Jackie : "What do you doctors have against healing people for Christ's sake?"

Dr O'Hara : "healing, helping, fixing, fantastic! That's why you're a nurse. When I was a little girl I took a butter knife and opened a dead rabbit to see how it worked, that's why I am a doctor[2] » (1×1)

« *Make me good God, but not yet*[3] » (1×1)

Il suffit des 28 minutes du pilote de *Nurse Jackie* pour prendre toute la mesure de la complexité du personnage central de la série. Infirmière aux urgences du All Saints Hospital de New York, Jackie Peyton est expérimentée, appréciée pour la qualité de son travail mais redoutée aussi pour sa force de caractère et son indépendance. Elle est d'une grande sensibilité et se sort souvent de situations délicates par un geste, un mot ou une

---

1. Ce chapitre est né d'une conversation avec Sandra Laugier, lors de la préparation de l'atelier « Sériphilie : questions d'éthique et séries télévisées » proposé à l'occasion de 1re édition de la Nuit de la Philosophie qui s'est tenue à l'École normale supérieure le 4 juin 2010.
2. Jackie : « *Qu'avez-vous, vous les docteurs, contre le fait de soigner les gens, pour l'amour de Dieu ?* »
Dr O'Hara : « *Soigner, aider, guérir, comme tout cela est formidable ! C'est pour cette raison que tu es infirmière ! Quand j'étais petite, j'ai pris un couteau à beurre et j'ai ouvert un lapin mort pour comprendre comment ça marchait. C'est pour cette raison que je suis médecin.* »
3. « *Rends-moi bonne, Seigneur, mais pas tout de suite...* »

attitude réconfortante et compatissante. Elle peut aussi passer du temps au téléphone pour convaincre l'assurance d'un patient de prendre en charge les frais d'une hospitalisation ou trouver le moyen de payer le taxi d'une femme qui vient d'apprendre que son compagnon est mort et qui n'a même pas de quoi rentrer chez elle.

Au plus près de la douleur de ses patients, elle est toujours là pour soulager leur corps sans oublier leur âme et ne cesse pas de voir l'homme ou la femme dans le patient, là où d'autres soignants ne voient que des problèmes à résoudre. Tout cela fait qu'au bout d'une journée seulement de travail à ses côtés, la jeune élève infirmière Zoey Bartow estime que Jackie est une « sainte » qui soulage la douleur du monde.

Et pourtant...

D'un autre côté, Jackie est une infirmière droguée aux médicaments, qui n'hésite pas à faire une fausse carte de donneur d'organe pour l'un de ses patients décédés dont les organes pourraient être transplantés. Elle n'est pas gênée non plus quand elle jette dans les toilettes de l'hôpital l'oreille d'un patient, arrachée par la femme qu'il a agressée. Mariée et mère de deux enfants, Jackie enlève son alliance tous les matins en arrivant au travail et ne parle à personne, sauf à son amie, le docteur O'Hara, de sa famille. Sans aucun complexe, elle entretient une double vie avec Eddie, le pharmacien de l'hôpital, et l'on ne sait pas vraiment si c'est par amour ou parce que cela lui donne accès aux médicaments dont elle a besoin pour tenir. Vue sous cet angle, Jackie n'a plus grand-chose d'une sainte : elle semble plutôt malhonnête et manipulatrice, égoïste et lunatique.

Alors que penser ? Qu'est-ce qui l'emporte au fond : la sainte ou la femme adultère ? Si Jackie heurte le bon sens moral en s'affranchissant de la plupart de ses principes, d'un autre côté elle développe une capacité tout à fait singulière à répondre aux besoins des patients qu'elle rencontre. Mais cela est-il suffisant ? Le souci de l'autre et la sensibilité à sa douleur suffisent-ils à décrire une attitude morale ? Au contraire, les contradictions de Jackie, ses mensonges et ses accommodements ne la renvoient-ils pas à l'immoralité la plus consommée ?

Le choix du *care*

Pour répondre à ces questions, il faut commencer par remettre la série dans le contexte de son genre. On y retrouve quelques scènes d'urgences dignes, précisément, de la série *Urgences* et beaucoup de points communs avec la série *Dr House* : la dépendance de Jackie à certains médicaments, l'ironie des répliques et le non-respect d'un certain nombre de principes déontologiques. Impossible donc de comprendre ce qui se joue dans *Nurse Jackie* sans faire référence à ces séries auxquelles, d'une certaine manière, elle rend hommage. Mais si l'on prend le temps de rappeler la filiation, c'est aussi pour mieux remarquer les différences. Qu'y a-t-il de nouveau sur les écrans quand on regarde *Nurse Jackie* ?

Un geste, une accolade, une parole de réconfort... La série raconte un ensemble d'expériences et d'actions peu spectaculaires mais dont le bénéfice est essentiel pour le malade ou sa famille et qui constituent la doublure ordinaire et invisible du soin médical. Il n'y a qu'à voir, par exemple, la manière dont Jackie prête attention à ce vieil homme juif et à sa femme quand elle comprend qu'il va mourir ou bien comme elle est attentive à cette enfant qui accompagne aux urgences sa mère malade. La manière aussi dont Momo, son collègue infirmier, serre la main d'un petit garçon tombé dans le coma après une chute sur un terrain de jeu : « *Hang on my little man* » lui dit-il et la manière aussi dont le soir, dans l'ombre de la chambre, il vient lui chanter une chanson. Là où des séries comme *Dr House* ou *Urgences* restent surtout concentrées sur l'exploit médical du diagnostic ou de la guérison, *Nurse Jackie* choisit plutôt de mettre en scène l'attention à l'autre et la sensibilité à sa situation particulière.

En philosophie, cette différence s'exprime autour de la distinction entre le *cure*, concept qui désigne le soin technique qui guérit, et le *care*, concept qui renvoie plutôt à cette attitude attentive qui permet de prendre soin de l'autre et pas seulement de le soigner. De fait n'est-ce pas justement cette distinction qui permet d'éclaircir la complexité morale d'un personnage comme celui de Jackie ? Mais si tel est le cas que recouvre précisément ce concept de *care* et en quoi permet-il de nommer une expérience morale ?

Apparu au début des années 1980 dans les travaux de la psychologue américaine Carol Gilligan, le concept de *care* est devenu en une trentaine d'années une référence essentielle du débat moral et politique. En France, si l'on veut en savoir un peu plus sur cette notion, on peut s'adresser à la philosophe Sandra Laugier (par ailleurs spectatrice assidue de *Nurse Jackie*), co-auteur de plusieurs ouvrages éclairant sur le sujet et notamment : *Qu'est ce que le care ? Souci des autres, sensibilité, responsabilité*, dont est tiré l'extrait suivant :

> « *On voit ce qui différencie d'emblée l'éthique du* care *de celle de la justice. D'abord l'éthique du* care *se centre sur des concepts moraux différents de ceux de l'éthique de la justice. Ensuite, cette morale est liée à des conditions concrètes au lieu d'être générale et abstraite.* [...]
>
> Entendue d'une voix différente, *la morale ne se fonde pas sur des principes universels mais part d'expériences rattachées au quotidien et des problèmes moraux de personnes réelles dans leur ordinaire. Enfin, cette morale trouve sa meilleure expression, non pas sous la forme d'une théorie, mais sous celle d'une activité : le* care *comme action (*taking care of, caring for*) et plus exactement comme travail. À la fois réponse pratique à des besoins spécifiques qui sont toujours ceux d'autres singuliers (qu'ils soient proches ou non), activités nécessaires au maintien des personnes et des liens, travail accompli tout autant dans la sphère privée que dans la sphère publique, sensibilité aux "détails" qui importent dans les situations vécues... Le* care *est une affaire concrète, collant aux particularités des situations et des personnes, aux détails ordinaires de la vie humaine — assurant l'entretien (en plusieurs sens dont celui de la conversation et de la conservation) et la continuité du monde humain.* »
>
> **Sandra Laugier, « Le Sujet du *care* : vulnérabilité et expression ordinaire » dans Molinier P., Laugier S., Paperman P., *Qu'est ce que le* care *? Souci des autres, sensibilité, responsabilité*, © Petite Bibliothèque Payot, 2009, pp. 159-160.**

Avec ces quelques lignes on comprend mieux ce que l'on dit quand on parle de *care*. Mais ne dispose-t-on pas ainsi d'une clef de lecture du personnage de Jackie Peyton ?

Le *care* : une affaire de femme ?

Au départ l'expérience morale du *care* a été mise en évidence par Carol Gilligan comme une réponse, une « voix différente » à une morale de la justice exclusivement exprimée et élaborée par des hommes. À partir d'entretiens approfondis avec des femmes voulant avorter, Gilligan définit le *care* comme une attitude liée au développement d'une disposition psychologique propre aux femmes. Mais cette féminisation du *care* a rapidement prêté à confusion et l'on a eu vite fait d'enfermer le *care* dans une morale strictement féminine et, à l'inverse, de réduire la capacité morale des femmes aux seuls sentiments de *care*. Une dizaine d'années plus tard, Joan Tronto, spécialiste de théorie politique, a proposé de « dépsychologiser » et par conséquent de « déféminiser » le *care* en expliquant que cela renvoyait surtout à un ensemble d'activités, d'expériences, de pratiques particulières issues de situations particulières mais sans lien avec une quelconque *nature* féminine.

Dans sa mise en scène de cette expérience de *care*, *Nurse Jackie* s'inscrit plutôt dans cette seconde perspective : si Jackie est bien une femme ce n'est pourtant pas sa féminité qui explique ses compétences en termes de *care*. Si c'était le cas alors elle devrait aussi faire preuve de *care* à la maison avec son mari Kevin et ses deux filles. Or le *care* de Jackie s'arrête très nettement au seuil de sa maison où là c'est plutôt Kevin qui prend le relais et qui assure les activités domestiques, qui sont les supports privilégiés du *care* : ranger le linge, préparer les repas, être attentif aux enfants. Autant à l'hôpital Jackie est tout entière dans le dévouement et l'attention, autant à la maison elle fait une pause et se laisse envelopper par l'attention de son mari. Ainsi on peut être femme sans être en permanence dans une attitude de *care*, et deuxièmement un homme peut aussi bien adopter une attitude de *care*. Le *care* ne se définit donc pas comme un ensemble de règles générales à partir desquelles on pourrait déduire le comportement juste ou la décision juste quelle que soit la situation. Comme l'enquête auprès des femmes l'a révélé et comme sa redéfinition l'a confirmé, l'éthique du *care* est d'abord une attitude de réponse particulière aux besoins des autres, dans des situations données. Elle s'oppose donc, comme le précise Sandra Laugier, à une éthique de la justice et à ses principes généraux.

Il s'agit donc d'abord de décrire des attitudes concrètes qui, dans une situation donnée, s'intéressent à ce qui est important avant de s'interroger de manière abstraite sur ce qu'il est juste de faire ou de ne pas faire. La réflexion sur le *care* ouvre donc à une nouvelle approche de l'expérience morale : il ne s'agit pas tant d'évaluer un comportement ou des actions à l'aide de principes généraux, logiquement déduit d'une théorie de la justice, mais, singulièrement, d'observer et de décrire la manière dont une personne s'est rendue attentive aux autres et est ainsi devenue capable de répondre à ses besoins particuliers. Mais d'où vient finalement cette capacité ? À quelle occasion se développe-t-elle ? Chez Jackie, le *care*, est-ce inné ou est-ce le résultat d'un apprentissage particulier ? Si on a bien compris que ce n'était pas une qualité *naturellement* féminine, il reste à comprendre pourquoi elle est particulièrement développée chez les femmes et comment elle se développe.

■ Le *care* : qualité naturelle ou compétence professionnelle ?

Si les femmes sont les sujets privilégiés de cette éthique du *care*, ce n'est donc pas en raison de leur féminité, mais en raison des rôles qui leur sont assignés dans les sociétés occidentales : « *On ne naît pas* caring, *on le devient*[1]. » Les femmes sont donc plus nombreuses à être *caring* simplement parce que c'est l'horizon le plus fréquent de leur travail, à la maison, à l'école, à l'hôpital... Le *care* n'est donc pas une qualité innée – le simple prolongement de la *nature* féminine – mais une disposition qui se développe à l'occasion d'un travail, comme l'écrit Sandra Laugier, et qui trouve donc à se traduire en compétence professionnelle. Le docteur O'Hara est pleinement consciente de cela et elle n'hésite pas à confier à Jackie la tâche délicate d'annoncer aux familles les mauvaises nouvelles concernant l'état de leur proche. L'opposition entre *nurse* et *doctor* ici recoupe celle

1. Molinier P., Laugier S., Paperman P., *Qu'est ce que le care ? Souci des autres, sensibilité, responsabilité*, © Petite Bibliothèque Payot, 2009, p. 15.

entre être *caring* et ne pas être *caring*. Du coup quand Jackie reproche au Dr Cooper d'être un mauvais médecin, ce n'est pas parce qu'il manque de *care*, mais parce qu'il n'a pas suffisamment confiance en ses compétences spécifiques de médecin. Et d'un autre point de vue, la formation que Jackie donne à Zoey n'est pas une formation technique en soins infirmiers mais plutôt une formation éthique. Du coup, lorsque Zoey lui fait part de ses doutes et de ses difficultés, elle ne lui redonne pas confiance en lui rappelant la qualité des soins qu'elle prodigue, mais en valorisant sa qualité de *care giver*[1] notamment lorsqu'elle lui dit : « *The fact that you have even the slightest inclination to help people put you miles ahead of one hundred per cent of the population*[2] » (1×2).

Nurse Jackie milite donc résolument pour une valorisation du *care* dans la sphère publique et singulièrement dans la sphère professionnelle. Et c'est peut-être pour cela que sur le plan privé, Jackie semble ne plus être *caring* du tout au point de ne pas s'apercevoir, du moins au début, que sa fille Grace souffre de troubles de l'anxiété. Peut-être même tient-on là l'originalité de la série dans sa mise en scène du *care* : une déconstruction de la représentation courante, domestique et féminine du *care* au profit d'une reconstruction du *care* dans la sphère professionnelle, comme travail et donc comme compétence. Mais à trop décrire le *care* comme un travail et comme une compétence précisément, ne risque-t-on d'en affaiblir la dimension spécifiquement éthique ? Quelle est donc finalement la valeur morale du *care* ?

■ La valeur morale du *care* : l'entretien du monde humain

Dans l'extrait choisi, Sandra Laugier finit par décrire justement la portée morale des attitudes de care : « *Le* care *est une affaire concrète, [...] assurant l'entretien (en plusieurs sens dont celui de la conversation et*

1. *Care giver* est l'expression utilisée pour désigner le sujet du *care*, c'est-à-dire celui qui exerce le *care*. On utilise aussi parfois la traduction : « pourvoyeur de soin ».

2. « *Le fait que tu aies ne serait-ce que le plus petit désir d'aider les gens te place des milliers de kilomètres devant 100 % de la population.* »

de la conservation) et la continuité du monde humain. » Le but ici n'est donc pas la justice, ni même la vertu mais le simple « entretien » du monde humain. Dans le premier sens de « conversation » cela signifie que le care stimule la communication des sentiments moraux, des réactions et des choix. La conversation suscitée fonctionne alors pour chacun comme un enrichissement de son expérience morale. Or, une telle « mutualisation » de l'expérience morale n'est-elle pas le meilleur moyen de conserver l'humanité du monde ? Dans son second sens de « conservation », cela signifie que les attitudes de *care* sont plus particulièrement responsables du maintien d'un monde humain et de sa non-dégénérescence en monde fonctionnel et individualiste. En somme le monde humain, dont il s'agit ici, désigne un monde dans lequel le lien entre les hommes n'aurait pas pour seule raison l'intérêt économique, mais d'abord et surtout la préoccupation de l'autre, le respect de sa différence et l'enthousiasme de sa proximité humaine. Autrement dit un monde humain c'est un monde dans lequel on se parle entre humains et où chacun se soucie de l'autre : un monde dans lequel chaque homme est proche et auquel on peut donc être attentif, un monde enfin dans lequel la solidarité n'est pas qu'un mot que l'on grave au fronton des mairies. À elle seule, Jackie travaille déjà à la continuité de ce monde humain en commençant par faire de l'hôpital un lieu où les soignants ne dissimulent pas leur humanité mais où ils prennent aussi le temps, quand cela importe, de l'exprimer en prêtant attention à ceux qu'ils soignent. Mais plus encore, le personnage lui-même et la série elle-même ne fonctionnent-ils pas aussi comme des instances d'expression et de publicisation du *care* ?

Le *care* du *care*

Regarder *Nurse Jackie* revient finalement à prêter attention à des personnages qui eux-mêmes prêtent attention. L'attention du spectateur est même d'autant plus sollicitée que l'on a affaire à une série. La forme sérielle implique en effet un rendez-vous régulier avec des personnages sur le temps long. Un peu plus loin dans la même contribution, Sandra Laugier précise qu'« *il est évident que le lieu d'expression du concernement pour le* care :

pour ainsi dire le care *du* care*, a été depuis longtemps, la télévision*[1]. » Pourquoi ? Simplement en raison de la relation de proximité qui se construit avec les personnages de séries : « *Les personnages de fiction télé sont si bien ancrés, moralement dirigés et clairs dans leurs expressions morales, sans être archétypaux, qu'ils peuvent être "lâchés" et ouverts à l'imagination et à l'usage de chacun, "confiés" à nous – comme s'il restait à chacun d'en prendre soin*[2]. » En ce sens, regarder des séries peut constituer une expérience morale : apprendre à prêter attention à des personnages que l'on suit, développer sa sensibilité morale à travers la grande diversité des situations et affiner toujours plus précisément sa faculté de percevoir, parmi tous les détails vus, ce qui importe le plus. Dans le cas de *Nurse Jackie*, l'expérience est complète puisque le *care* est à la fois le sujet de la fiction et l'effet de la fiction sur le spectateur. Cela va même plus loin car pour nous aider dans cet apprentissage du *care*, la série met elle-même en scène des relations d'apprentissage, celle de Zoey avec Jackie d'une part, mais aussi, d'autre part et sous un angle un peu différent, celle du Dr Cooper avec Jackie.

Au fond, et l'on aurait aussi pu commencer par là, révéler l'expérience morale du *care*, comme le fait la série, et comme le font les psychologues, les sociologues et les philosophes qui s'y intéressent, revient en fait à déconstruire la figure idéale que nous entretenons trop souvent d'un sujet moral autonome et entièrement maître de ses délibérations et de ses actions. Du point de vue de l'éthique du *care*, l'homme n'est pas un être indépendant et insensible à la particularité des situations. Au contraire, s'il faut prendre soin les uns des autres, c'est parce qu'il y a chez chacun une vulnérabilité indépassable, une ouverture au particulier et au sensible qui nécessite justement que l'on soit attentif à ses besoins. La vulnérabilité de chacun implique donc une interdépendance. En un sens, la dépendance de Jackie aux médicaments est le signe de cette vulnérabilité : seule, sans

1. Sandra Laugier, « Le Sujet du *care* : vulnérabilité et expression ordinaire » dans Molinier P., Laugier S., Paperman P., *Qu'est ce que le care ? Souci des autres, sensibilité, responsabilité*, © Petite Bibliothèque Payot, 2009, p. 189.
2. *Ibid.*, p. 195

ces drogues, elle ne peut pas tenir. La réalité de la toxicomanie se nomme bien dépendance. Du coup, bien que *care giver* par excellence, elle est aussi l'objet multiple du *care* des personnes qui l'entourent : de Kevin, son mari ; d'Eddie, son amant ; de Momo, son collègue infirmier ; ou encore du Dr O'Hara, sa meilleure amie et la marraine d'une de ses filles ; et pourquoi pas, finalement, du téléspectateur lui-même.

Références

Titre original	*Nurse Jackie*
Créée par	Liz Brixius, Linda Wallem et Evan Dunsky
Nombre de saisons	2 saisons – 24 épisodes (3e saison en production)
1re diffusion	2009 (États-Unis) sur Showtime 2010 (France) sur Canal +
Vidéographie (zone 2)	1 coffret DVD de la saison 1 Lions Gate Home Entertainment

Sous l'Occupation, habiter un village français, est-ce être libre ou être enchaîné ?

UN VILLAGE
FRANÇAIS

✓ La liberté

« *1940, Vivre, c'est choisir* »
Sous-titre de la saison 1

Du neuf avec de l'ancien

De facture très classique et sans en avoir vraiment l'air, *Un Village français* est pourtant une petite révolution dans le paysage audiovisuel français. Pour la première fois, une chaîne, France 3, s'engage dès le début pour 5 saisons donnant ainsi à Frédéric Krivine, Philippe Triboit et Emmanuel Daucé, les trois créateurs de la série, les meilleures conditions pour construire et développer leur récit sur le temps long qu'impose la forme sérielle. Au-delà de l'audace économique d'un tel projet, cet engagement de la télévision publique témoigne aussi d'une nouvelle conscience de sa responsabilité : cette série a pour mission de divertir et de susciter l'adhésion des téléspectateurs en reprenant les formes et les techniques narratives de n'importe quelle série. Dans le même temps, elle est aussi l'occasion d'une réflexion sur les complexités et les contradictions du passé. Après avoir mis en scène pendant des décennies leur parole à travers de nombreux documentaires, France 3 organise peu à peu, avant la disparition des derniers témoins directs, le passage de relais entre le témoignage et la fiction. Lors de leur diffusion, les épisodes d'*Un Village français* sont suivis d'un petit document *Un Village français : ils y étaient* dans lequel des hommes et des femmes qui ont vécu cette époque mettent en perspective le récit fictionnel qui vient d'être fait, renforçant ainsi, selon la logique du contrepoint, sa valeur de vérité ou du moins d'authenticité [1].

La deuxième grande nouveauté d'*Un Village français* est relative au traitement de son sujet. Comme le rappelle Frédéric Krivine dans la présentation qu'il donne de la série sur le site Internet de France 3, cette série « *veut faire découvrir au public, pour la première fois, une vision nuancée et dynamique de ce que furent la vie et les pensées des Français* » pendant l'Occupation. Nuancée et dynamique, la vision peut l'être grâce au temps que laisse la forme sérielle qui permet une description de la complexité des situations tout en étant la forme adaptée à la représentation de leur évolution. Du coup, la vision de l'Occupation proposée dans la série ne soutient aucune thèse : ni celle selon laquelle la France a été globalement résistante, ni celle selon laquelle la France a été globalement collaborationniste. La vision est ici à hauteur d'homme, tenant compte strictement des circonstances de l'époque : il s'agit en premier lieu de décrire une expérience humaine singulière dans laquelle des hommes et des femmes tout à fait ordinaires se retrouvent plongés et de s'attacher à comprendre, en les observant attentivement, les raisons de leur choix quels qu'ils soient. D'où notre interrogation : de quelle réalité l'Occupation décrite dans *Un Village français* est-elle l'expérience ?

---

1. Ce dispositif n'est pas nouveau en soi à la télévision : on le retrouve en 2000 dans la série *Band Of Brothers*, produite par Steven Spielberg et Tom Hanks, dans laquelle on suit une compagnie de parachutistes américains, du Débarquement de Normandie jusqu'à l'invasion de l'Allemagne. On le retrouve aussi en 2009 dans la série *The Pacific*, produite par la même équipe et qui explore, comme son nom l'indique, la guerre dans le Pacifique. Mais dans ces deux séries, le dispositif a plus de force puisque c'est chaque épisode qui commence par un ou plusieurs témoignages d'anciens combattants.

Une expérience humaine

Tout se passe à Villeneuve, à la fois village et sous-préfecture du Jura, ville fictive inspirée de Dole, mais représentative en fait des mentalités et de la vie d'une France moyenne. L'armée allemande arrive à Villeneuve le 12 juin 1940 (1×1) et s'installe peu à peu dans la région. Après avoir fui, les habitants reviennent et la vie s'organise comme elle peut. Dans ce tableau général, la série met en scène divers personnages : Daniel Larcher, médecin, qui devient le maire de la ville, Marcel, son frère, ouvrier dans une scierie et militant communiste, Raymond Schwartz, patron de ladite scierie, Marie Germain, sa métayère et bientôt sa maîtresse, le commissaire de Kervern, responsable de la police de la ville assisté par Jean Marchetti, un inspecteur des Renseignements généraux de Dijon, détaché à Villeneuve. En plus de ces personnages principaux, il y a toute une foule de personnages secondaires dont les intrigues participent à la description complète des spécificités de l'époque.

Un Village français raconte donc la vie d'un village et de ses habitants pendant l'Occupation allemande à partir de 1940. Passé les derniers échanges de coups de feu et l'installation des soldats dans certaines maisons ou dans l'école du village, l'Occupation se manifeste surtout comme un état de réduction, voire de suspension de la liberté des populations occupées. Tout ce que l'on avait le droit de faire auparavant se trouve limité ou supprimé : restriction dans les déplacements, couvre-feu, révocation des fonctionnaires juifs, ordres dénués de sens, etc. D'un point de vue économique, administratif et financier, la France occupée est quotidiennement placée sous la tutelle de l'armée allemande et vit dans un état de contrainte permanente qui ne laisse plus aucune place tant à la liberté civile qu'à la liberté individuelle. À l'inspecteur Marchetti qui demande dès l'arrivée de l'armée allemande : « *Qu'est-ce qu'on peut faire ?* », le commissaire de Kervern répond ainsi : « *Rien, attendre un peu et boire un verre* » (1×1). Après tout, n'est-ce pas ce que le langage courant comprend bien en faisant simplement du mot « occupé » le contraire du mot « libre » ? Et dans le même temps, cette situation particulière n'est-elle pas justement une situation favorable à l'expression de la liberté ? En effet, l'Occupation de l'armée allemande et les mesures qu'elle impose sont autant de contraintes contre lesquelles on peut choisir de résister ou au contraire avec lesquelles on peut choisir de composer voire de collaborer. De fait, dans la série, après l'étourdissement de la défaite, les personnages commencent à faire des choix et à dessiner un engagement, d'un côté ou de l'autre, qui se clarifie au fil des 12 épisodes des 2 premières saisons. Dès lors, l'Occupation est-elle le moment de l'impossibilité de la liberté ou au contraire le moment de sa plus forte possibilité ? Comment comprendre que l'on puisse vivre en zone occupée tout en étant libre ? Dans quelle mesure la pression des contraintes et des circonstances peut-elle ainsi stimuler la liberté individuelle ?

Un Village français : Sartre y était-il ?

« *Jamais nous n'avons été plus libres que sous l'Occupation allemande* ». Voilà la réponse « choc » que Sartre (1905-1980) apporte à la question posée par cette situation d'Occupation et qu'*Un Village français* a choisi de mettre en scène. Sartre est non seulement un contemporain des événements, mais il est aussi un philosophe qui s'est saisi de ce moment singulier qu'est l'Occupation pour affiner et éprouver une théorie réaffirmant la liberté absolue de l'homme. Reste toutefois à comprendre cette théorie afin de s'extraire du paradoxe dans lequel nous laisse *a priori* cette célèbre citation. Il faut donc prendre le temps de lire l'article d'où elle est extraite :

> « *Jamais nous n'avons été plus libres que sous l'Occupation allemande. Nous avions perdu tous nos droits et d'abord celui de parler ; on nous insultait en face chaque jour et il fallait nous taire ; on nous déportait en masse, comme travailleurs, comme Juifs, comme prisonniers politiques ; partout sur les murs, dans les journaux, sur l'écran, nous retrouvions cet immonde visage que nos oppresseurs voulaient nous donner de nous-mêmes : à cause de tout cela nous étions libres. Puisque le venin nazi se glissait jusque dans notre pensée, chaque pensée juste était une conquête ; puisqu'une police toute-puissante cherchait à nous contraindre au silence, chaque parole devenait précieuse comme une déclaration de principe ; puisque nous étions traqués, chacun de nos gestes avait le poids d'un engagement. Les circonstances*

souvent atroces de notre combat nous mettaient enfin à même de vivre, sans fard et sans voile, cette situation déchirée, insoutenable qu'on appelle la condition humaine. [...]

Ainsi la question même de la liberté était posée et nous étions au bord de la connaissance la plus profonde que l'homme peut avoir de lui-même. Car le secret d'un homme, ce n'est pas son complexe d'Œdipe ou d'infériorité, c'est la limite même de sa liberté, c'est son pouvoir de résistance aux supplices et à la mort. »

Jean-Paul Sartre, « La République du silence », article extrait de *Situations III*, © éditions Gallimard, 1949, pp. 11-14.

Comme les créateurs d'*Un Village français*, Sartre, quand il tente de penser l'Occupation allemande, n'a pas une approche politique, historique, stratégique ou militante. Il adopte simplement une approche existentielle : il réfléchit à la manière dont l'existence humaine s'inscrit dans cette situation. De même, dans la série, on est à hauteur d'homme et on observe la manière dont une crise majeure bouleverse les repères traditionnels et les modes de vie des personnages : on observe par là même la manière dont leur existence est bousculée par la situation. Cette bousculade, Sartre explique ici qu'elle est la meilleure chance de la liberté. Comment comprendre donc que l'on puisse être libre sous l'Occupation ?

■ Liberté et situation

Ce texte a été publié la première fois à l'automne 1944 dans la revue *Les Lettres françaises*. Or un an auparavant, Sartre a publié ce qui reste son œuvre majeure, *L'Être et le Néant*, dans laquelle il redéfinit l'homme à partir de sa liberté. Il n'est donc pas possible de comprendre cet article sans en revenir à cette nouvelle théorie de la liberté. Pour Sartre, l'homme est d'une certaine manière « *condamné à être libre* » dans la mesure où il ne peut pas ne pas être libre. Être homme, c'est essentiellement être libre et l'être absolument et sans limite. Et ce pour une seule raison : l'homme est un être de conscience. Or, la conscience que nous avons du monde nous permet, d'une certaine manière, d'être à distance du monde ou, pour reprendre l'expression de Sartre, de « néantiser », c'est-à-dire de réduire tout ce qui pourrait attacher l'homme à un contexte qui pourrait peser sur la liberté. Pour le dire autrement, ce que nous prenons couramment pour des motifs d'action qui pourraient nous pousser à agir d'un côté plutôt que de l'autre, ne sont en fait que des fins que nous choisissons. Ainsi, quand Raymond Schwartz se voit proposer par le commandant Van Ritter des commandes de bois pour l'armée allemande, on pourrait penser qu'il n'a pas vraiment le choix, qu'il n'est pas vraiment libre d'accepter ou de refuser car s'il refuse, il y a toujours le risque que son entreprise soit réquisitionnée et par ailleurs, il a besoin de relancer l'activité de son entreprise, troublée par la guerre. Mais d'un autre côté, il suffit de voir comment il réfléchit à cette proposition : il en parle d'abord à sa femme, puis demande ce qu'il en pense au docteur Larcher, le nouveau maire de Villeneuve (1×2). Au moment donc où il s'interroge, il « néantise » la proposition au sens où la conscience qu'il en a lui permet précisément de la mettre à distance et de retrouver la liberté de choisir ou non de travailler pour l'armée allemande. Ce qui pouvait jouer le rôle de motif : ne pas être réquisitionné et relancer ses affaires deviennent en fait des fins qu'il a la liberté de choisir ou de ne pas choisir. Et il en va de même pour tous les autres personnages : jamais la situation dans laquelle ils se trouvent n'étouffe leur liberté. Autrement dit, pour Sartre, si l'homme est toujours pris dans une situation particulière, cette situation n'est jamais déterminante : elle ne pèse jamais suffisamment en telle sorte qu'elle supprime le choix libre de l'individu. Elle est au contraire le point de départ de la liberté dans le monde : tout homme doit commencer par se positionner par rapport à la situation dans laquelle il se découvre existant, soit en l'assumant, soit en y résistant. Et quand bien même l'occupant traque les « terroristes », menace les civils, limite les déplacements et interdit toute manifestation d'opinion patriotique, l'Occupation n'est jamais une situation qui supprime la liberté car comme le souligne Sartre, c'est au contraire « *à cause de tout cela* » que l'on est libre. Si donc les Français n'ont jamais été aussi libres que sous l'Occupation, c'est que la situation qu'ils vivaient était une occasion extraordinaire de faire des choix et de les faire en telle sorte qu'ils apparaissent comme de réels engagements.

Choix et engagement

« *Chaque pensée juste était une conquête* » ; « *Chaque parole devenait précieuse comme une déclaration de principe* » ; « *Traqués, chacun de nos gestes avait le poids d'un engagement* »... Sartre insiste ici sur la valeur singulière que prennent les choix dans une telle situation d'occupation, ils révèlent ce qu'ils sont profondément : des engagements de l'existence tout entière. Condamné à être libre, l'homme ne peut que choisir. Ne pas choisir, c'est encore choisir de ne pas choisir. Sous la tutelle allemande, il n'y a donc que deux possibilités et rien d'autre : la collaboration ou la résistance. Pas de place possible pour l'indifférence ou l'attentisme, comme le fait ironiquement remarquer un agent de la police allemande à l'inspecteur Marchetti :

> Heinrich : « *Quels sont vos sentiments à l'égard de l'Allemagne ?* »
> Marchetti : « *Je ne fais pas de politique* »
> Heinrich : « *Difficile à notre époque* »

Il en va de même pour d'autres personnages et notamment pour le commissaire de Kervern qui, une fois passé le découragement des premiers temps, commence des activités de renseignement militaire. De manière symptomatique l'épisode s'intitule « L'Engagement », au sein d'une seconde saison sous-titrée dans la lignée de la première : « Vivre ses choix ». Si le choix n'est pas un simple arbitrage entre deux options mais un véritable engagement, c'est que l'homme est tout entier liberté, que chaque choix se fait par rapport à une situation et qu'ainsi chaque choix positionne l'existence toute entière dans un projet propre à l'individu. Absolument libre, l'homme n'est en effet pour Sartre définissable par rien d'autre que par ses propres actions. Et quand ces actions mettent en balance sa vie et sa mort, comme c'est le cas dans une situation comme l'Occupation, elles n'ont alors pas le même poids et *engagent* précisément toute l'existence. Dans le même texte, Sartre précise en effet : « *Et le choix que chacun faisait était authentique puisqu'il se faisait en présence de la mort.* » Natacha la prostituée, Marie la métayère, Marcel le militant communiste, tous ces personnages ne font-ils pas précisément de tels choix ? Ne sont-ils pas ici les plus libres des hommes, c'est-à-dire aussi les plus responsables ? À travers ces choix, ils deviennent en effet pleinement responsables d'eux-mêmes mais aussi pleinement responsable des autres...

Responsabilité et angoisse

Le troisième pôle de cette liberté qui se révèle de manière privilégiée sous l'Occupation allemande et dont Sartre propose l'analyse, c'est celui de la responsabilité. La liberté qu'il décrit et les engagements qu'elle implique investissent l'homme d'une pleine et entière responsabilité. C'est somme toute assez logique : puisqu'il est absolument libre et qu'il ne peut pas ne pas choisir, l'homme est absolument responsable de tout ce qu'il choisit : il ne peut pas ne pas être responsable. Là encore, il faut rappeler qu'il n'y a pas de circonstances atténuantes, pas de cas de force majeure, pas de fuite possible. Le docteur Larcher en fait la troublante expérience dans les deux premiers épisodes : simple adjoint au maire, le voilà propulsé maire et « *responsable sur* [sa] *vie* », comme le précise le commandant Van Ritter (1×2), de tout ce qui pourrait arriver à Villeneuve. Lui qui a d'abord fui, lui qui ne voulait pas rester dans l'église, le voilà comme convoqué par l'engagement de ses propres choix : il est revenu, il a commencé à soigner les malades dans l'église et il a finalement accepté de désarmer les réfugiés. À chaque étape, il aurait pu refuser, mais il a pourtant choisi. À chaque étape donc, il a manifesté sa liberté, il s'est engagé et est devenu responsable, non seulement de lui, mais aussi de tous les autres.

Sartre précise en effet que la responsabilité qui incombe à chacun, du fait de sa liberté absolue, n'est pas une responsabilité strictement individuelle : elle inclut à chaque fois l'humanité entière. Le choix que l'on fait est aussi toujours en même temps le choix qui nous paraît devoir être fait par tous les autres hommes et pour tous les autres hommes. Pendant l'Occupation, encore une fois, cette responsabilité est d'autant plus sensible que beaucoup des choix faits ont effectivement des conséquences directes sur la vie d'autres personnes. Marie en est un bon exemple, elle qui dès le début (1×2) n'hésite pas à venir aider à soigner les réfugiés à l'église, elle qui aide ensuite un pilote anglais (1×4) puis accepte d'emblée de couvrir le commissaire de Kervern (2×2) quand ce dernier se retrouve contrôlé de l'autre côté de la ligne de démarcation par un policier allemand.

Un peu plus loin, toujours dans ce même article, Sartre pose alors la question : « *Cette responsabilité totale dans la solitude totale, n'est-ce pas le dévoilement même de notre liberté ?* » On pourrait répondre par l'affirmative, en précisant justement qu'une telle responsabilité s'accompagne pour qui la vit vraiment d'angoisse et pour qui veut la fuir de mauvaise foi. L'angoisse, c'est le développement naturel de la conscience que l'on a de cette entière responsabilité, c'est comme le vertige que l'on a face au vide. La mauvaise foi, c'est le prétexte que l'on s'invente pour refuser cette responsabilité, c'est la dénégation de sa propre liberté au profit d'excuses faciles : « je n'avais pas le choix », « je n'étais pas moi-même », « j'avais peur » ou singulièrement en cette période d'Occupation : « *le Maréchal dit qu'il faut collaborer, alors collaborons* » comme le dit naïvement le nouveau directeur de l'école... Dans la série, tous les personnages qui assument les choix qui les engagent font l'épreuve de cette angoisse : Marie, quand elle comprend que Lorrain a abandonné les Juifs qu'il devait faire passer de l'autre côté de la ligne, Natacha et de Kervern quand ils se demandent ce qu'ils vont bien pouvoir faire de Lorrain, ou même Marcel, le militant communiste, quand il est arrêté et qu'il couvre Suzanne, la directrice du bureau de poste avec qui il a mené une action.

L'analyse un peu plus précise de cette période de l'Occupation et de sa mise en scène dans *Un Village français* nous porte en fin de compte « *au bord de la connaissance la plus profonde que l'homme peut avoir de lui-même* », celle de sa liberté, manifestée par des choix qui l'engagent et qui impliquent une responsabilité absolue. Alors oui, en ce sens, l'Occupation a contraint les Français, comme elle contraint les personnages de la série, à vivre cette liberté, de plein fouet et en première personne, car comme l'écrit Sartre : « *Les circonstances souvent atroces de notre combat nous mettaient enfin à même de vivre, sans fard et sans voile, cette situation déchirée, insoutenable qu'on appelle la condition humaine.* » Or qu'est-ce que la condition humaine, sinon le fait d'être absolument libre ?

Après le temps des choix, après celui de l'engagement et de la responsabilité, que pourrions-nous attendre des saisons suivantes ? Difficile, évidemment, de pronostiquer le détail du récit et des aventures dans lesquelles seront plongés les personnages. Mais l'on sait, parce qu'on connaît la grande histoire, que cette histoire-là reprend, on sait que la pression de l'occupant va se durcir. On peut donc en déduire que pour tous les villageois, l'épreuve de leur liberté n'en sera que plus exigeante.

Ainsi, bien que, comme son titre l'indique, *Un Village français* soit une série résolument ancrée dans la particularité de la province française, il faut reconnaître en même temps – et l'analyse sartrienne n'y est pas pour rien – que c'est aussi une série universelle dans la mesure où elle raconte d'abord et avant tout la liberté indépassable de l'homme.

Références

Titre original	*Un Village français*
Créée par	Frédéric Krivine, Philippe Triboit et Emmanuel Daucé
Nombre de saisons	2 saisons – 12 épisodes (3e, 4e et 5e saisons en production)
1re diffusion	2009 (France) sur France 3
Vidéographie (zone 2)	1 coffret DVD par saison (1 et 2) et un coffret DVD réunissant les 2 premières saisons Fox Pathé Europa

L'anarchie selon le SAMCRO, est-ce l'ordre ou le chaos ?

SONS OF ANARCHY

✓ L'anarchie, l'État, la liberté

« *For my sons. Thomas who is already at peace. And Jackson, may he never know this life of chaos* »
John Teller[1] (1×1)

Charming, Californie... Capitale de l'anarchisme ?

Depuis bientôt deux siècles, la Californie est le lieu où prennent corps les rêves et où se réfugient les utopies. Elle fut d'abord l'horizon scintillant de la ruée vers l'or et Hollywood en fit ensuite le grand royaume des fictions cinématographiques. Un peu plus tard, c'est aussi là que les communautés hippies se sont mises à fleurir et que de nouvelles idées sont apparues sur les campus de Berkeley ou de Stanford. Dans ces conditions, pas étonnant que cette terre d'utopie ait été investie par des bikers anarchistes...

Charming est une petite ville du nord de la Californie vraiment pas comme les autres. D'abord parce qu'elle n'existe que dans la série *Sons of Anarchy*. Ensuite parce que rien ne se passe à Charming sans que les Sons of Anarchy, c'est-à-dire les bikers du club de motards SAMCRO (Sons of Anarchy Motorcycle Club Redwood Original) n'y soient mêlés de près ou de loin, plaçant ainsi la ville sous un contrôle quelque peu paradoxal.

1. « *Pour mes fils. Thomas qui repose déjà en paix. Et Jackson, puisse-t-il ne jamais connaître cette vie de chaos.* »

D'un côté, le club ne reconnaît ni Dieu ni maître et refuse de se soumettre à l'ordre social institué par l'État fédéral américain. Les bikers du SAMCRO n'obéissent à aucune loi, si ce n'est celle du club, et ils n'hésitent pas à mener des opérations illégales, au premier rang desquelles le trafic d'armes. Ils vivent dans une tension permanente avec les autres clubs ou les autres gangs et c'est bien souvent la violence qui a le dernier mot. L'anarchie règne donc à Charming, dans son sens le plus courant : seule compte la loi du plus fort incarnée par les bikers du SAMCRO.

Mais d'un autre côté, en faisant régner leur propre loi à Charming, les bikers y font régner un certain ordre et tentent d'en assurer la tranquillité. Ils veillent ainsi à ce qu'il n'y ait pas de trafic de drogue dans les rues et que les terrains de la ville ne se retrouvent pas livrés à l'avidité de grands investisseurs ou de grands entrepreneurs. Leur but semble bien de faire que leur petite ville reste un endroit où il fait bon vivre et qui ne soit pas contaminé par des intérêts économiques ou politiques extérieurs à la communauté. À Charming, l'anarchie n'est donc pas seulement l'autre nom du désordre et du chaos : les bikers du SAMCRO ont mis en place une sorte d'autogestion de leur ville, réalisant en cela une partie du projet de l'anarchisme politique né au XIXe siècle qui propose la mise en place d'un ordre social libéré de la tutelle des puissances politiques et économiques ou, si l'on préfère, d'une société sans pouvoir étatique. Mais précisément, un tel ordre est-il possible ? Le pouvoir politique de l'État est-il la condition de la vie en société ou est-il au contraire ce dont il faut que la société se libère pour pouvoir se développer harmonieusement ?

Parce qu'elle place au cœur de son récit le projet anarchiste, la série *Sons of Anarchy* tente donc de répondre à cette interrogation et conduit ainsi à réfléchir sur les rapports entre la société et l'État. Mais ce faisant, elle met en scène la tension interne propre à l'anarchie entre contestation de l'ordre établi et institution d'un nouvel ordre, entre transgression et libération. Plus précisément, dans la série, la tension se répercute à l'intérieur du groupe des Sons of Anarchy dans la relation entre Jax Teller, le vice-président du club et fils du fondateur du club et Clay Morrow l'actuel président du club et nouveau beau-père de Jax[1]. En regardant la série, on peut donc en venir à se demander si l'anarchisme est condamné à la violence et au désordre social permanent, comme semble s'y résigner Clay ; ou si au contraire, l'anarchisme peut rendre possible un nouvel ordre social, pacifié et libéré de l'aliénation des puissances extérieures, comme semble le penser Jax ? Au-delà de la caricature qui en est trop souvent faite, qu'est-ce donc que l'anarchisme ? La recherche du désordre social ou la quête d'un nouvel ordre social ?

Goldman et Proudhon : figures parentales des Sons of Anarchy...

Pour répondre à ces questions qui sont posées à l'anarchisme depuis ses débuts, il suffit de suivre les références que donne Jax dans le 4e épisode de la 1re saison. De passage dans le Nevada, il revient sur les lieux de la « révélation » anarchiste de son père : la découverte, sous un pont, d'une citation de l'anarchiste américaine Emma Goldman (1869-1940), écrite à la peinture rouge et qu'il commente quelques minutes après par une référence à Proudhon (1809-1865). Pour une fois qu'une série cite directement ses sources, ne nous gênons pas !

Emma Goldman est une militante anarchiste et féministe, qui a signé de nombreux essais et a pris part à de nombreuses luttes sociales et politiques. Plus jeune que la première génération des penseurs anarchistes, elle fait en quelque sorte la synthèse de ces théories parfois hétérogènes en traduisant les pensées en principes militants dont elle éprouve la cohérence dans ses propres combats. La citation reprise dans *Sons of Anarchy* est extraite d'un de ses textes les plus célèbres :

> « *Ainsi, le réel combat de l'anarchisme est celui pour la libération de l'esprit humain et contre l'aliénation de la religion ; pour la libération du corps humain et contre la domination de la propriété ; pour la libération et contre les chaînes et l'oppression du gouvernement. L'anarchisme défend un ordre social fondé sur la libre association des individus qui se réunissent pour*

1. Où l'on retrouve au passage le schéma familial de *Hamlet*... et au-delà du schéma, toute une inspiration shakespearienne qui anime la série.

> *produire une réelle prospérité sociale ; un ordre social qui garantisse à tous un accès libre à la terre et à la pleine satisfaction des nécessités de la vie, selon le désir, le goût et l'inclination de chacun*[1]. »
>
> Emma Goldman, « Anarchism : what it really stands for » in *Anarchism and other essays*, New York, Mother Earth Publishing Association, 1917.

Dans le vocabulaire courant, l'anarchie sert surtout à décrire une absence d'ordre, un chaos, un univers social livré à lui-même, sans structure ni hiérarchie, dans lequel seuls règnent la violence et le déchaînement des passions. Cette description n'est pourtant qu'une caricature de l'anarchie pensée et voulue par les anarchistes. Si l'anarchisme commence effectivement par une remise en cause de l'ordre établi, ce n'est pas pour le remplacer par du désordre et de la violence, mais au contraire pour laisser se développer l'ordre naturel et pacifique de la liberté humaine, empêché jusqu'alors de se développer par les institutions dominatrices que sont la religion, la propriété et l'État. De ce point de vue, que reprochent les anarchistes à ces trois institutions ?

Se libérer de la religion

La critique de la religion est le premier acte de cette libération totale de l'homme, libération qui est l'autre définition de l'anarchie. Pour les anarchistes, il faut rejeter la religion car elle s'impose à l'esprit et l'aliène, au sens strict, en le faisant devenir autre et en le soumettant entièrement à la puissance extérieure et transcendante d'un Dieu. Bakounine, un autre penseur anarchiste écrivait ainsi en 1871 dans *Dieu et l'État* : « *Tant qu'il* [l'homme] *restera religieux, il n'atteindra jamais son but parce que toute religion* [...] *lui fait chercher le divin au lieu de l'humain.* » En ordonnant l'existence et l'esprit de l'homme à la volonté divine, la religion détourne l'homme de lui-même et des enjeux réels de son existence. Plus la place de Dieu est grande et vénérée, plus la place de l'homme est réduite et dévalorisée. Croire en Dieu, c'est abandonner la maîtrise de son esprit et ne plus penser librement par soi-même.

---

1. Traduction de l'anglais par l'auteur.

Si dans *Sons of Anarchy*, cette critique de la religion n'est pas thématisée explicitement, on peut pourtant en voir indirectement les traces. D'abord dans le fait qu'aucun membre du SAMCRO et qu'aucun personnage de la série, mis à part le chef de la police, Unser, qui est atteint d'un cancer, n'exprime de sentiments religieux, ce qui est plutôt rare pour une série américaine... Ensuite dans le fait qu'en bons révolutionnaires, les *Sons* veulent changer le monde ici et maintenant et non pas attendre un monde meilleur dans une autre vie. En protégeant Charming de l'expansion économique et sociale, en interdisant à la drogue de rentrer dans la ville ou en punissant les crimes et les viols commis, c'est comme s'ils voulaient faire de Charming un petit paradis préservé, sachant très bien que c'est le seul paradis à espérer parce qu'il n'y en a pas d'autre. Enfin, dans la saison 2, SAMCRO doit se battre contre des représentants de la « Ligue des nationalistes américains », un groupe d'extrême-droite raciste qui veut s'implanter à Charming et qui prône un fondamentalisme chrétien. L'opposition entre les deux est donc teintée d'une opposition religieuse.

■ Se libérer de la propriété

Après la libération de l'esprit, passons à la libération du corps. Qu'est-ce qui pèse sur le corps et sur la force de travail, l'empêchant d'être libre ? La propriété, répond Goldman, en bonne élève de Proudhon qui affirmait : « *La propriété c'est le vol* » dans son ouvrage de 1840 *Qu'est-ce que la propriété ?* Mais le problème est ici un peu plus complexe : la propriété est à la fois une domination dont il faut se libérer et elle peut être en même temps la garantie d'une certaine autonomie et donc une condition de la liberté. Pour Proudhon et Goldman, la propriété domine le corps humain quand le corps qui travaille produit une richesse qui ne lui revient pas totalement. En revanche, dès lors que l'on récolte tous les fruits de son travail et que l'on en est entièrement propriétaire, alors la propriété peut devenir liberté dans la mesure où elle « *peut servir de contrepoids à la puissance publique* » comme l'écrit Proudhon dans la suite de son ouvrage. L'anarchisme se distingue donc ici du marxisme et de sa théorie de la propriété collective (communisme).

Dans *Sons of Anarchy*, les membres du club travaillent ensemble, mais chacun pour soi... Le garage qui abrite le club est une entreprise commune, mais dont chacun retire un bénéfice. De même dans leurs activités illégales, comme le camion du chef de la police Unser qu'ils escortent puis qu'ils détournent, le butin est partagé entre tous les participants. Mais rien n'empêche chacun des membres de travailler pour son propre compte, comme les spectacles d'Elvis que fait Bobby à divers endroits...

La domination qu'impose la propriété sur le corps a aussi une autre signification. Pour les anarchistes et singulièrement pour Emma Goldman, la propriété est aussi une passion du confort, comme le fait remarquer dans son livre le père de Jax : « *The only freedom man really wants is the freedom to be comfortable*[1] » (1×4). La critique de la propriété est aussi une critique de l'accumulation matérielle et de la consommation : des valeurs qui sont incompatibles avec l'état d'esprit et le mode de vie des bikers.

■ Se libérer du gouvernement et de l'État

La troisième critique de l'anarchisme, sans doute la plus connue mais aussi la plus incomprise, est celle du gouvernement et de l'État. L'anarchiste voit en l'État, quelle que soit sa constitution, le mal radical pour au moins deux raisons. Premièrement, l'État supprime les libertés individuelles par le contrôle permanent qu'il impose aux individus et par la centralisation de l'exercice de son pouvoir. En outre, le principe du gouvernement représentatif, quand il est en vigueur au nom de la liberté, est précisément un abandon institutionnalisé de la liberté individuelle puisque, après avoir voté, on doit attendre la prochaine élection pour être de nouveau libre de faire un choix. Deuxièmement, l'État est critiqué parce qu'il rompt la solidarité universelle entre tous les hommes. Le pouvoir constitue des nations qui se distinguent les unes les autres et qui en viennent rapidement à se faire la guerre pour des motifs inutiles, au premier rang desquels, bien souvent, le simple souci de renforcer le pouvoir en place dans un pays.

---

1. « *La seule liberté que les hommes recherchent, c'est celle du confort.* »

Ainsi, loin de mettre en ordre la société, en tant que principe de répartition du pouvoir, comme le pensent des philosophes comme Rousseau ou Hegel, l'État est au contraire le principe d'une dénaturation de la société. L'État n'est jamais la solution mais toujours le problème. L'anarchiste milite donc pour sa disparition plus ou moins violente et c'est de ce combat qu'il tient d'ailleurs son nom puisque « anarchie » signifie (étymologiquement) « absence de commandement » ou « absence de pouvoir politique ». Est-ce à dire que l'anarchisme est une philosophie anti-sociale ?

Bien au contraire : pour l'anarchisme, les individus ne peuvent s'épanouir que dans la vie communautaire résultant d'une libre association, « *cet harmonieux mélange des instincts individuels et des instincts sociaux* » comme l'écrit plus haut Emma Goldman. La suppression de l'autorité politique et la libre association sont les deux conditions de l'avènement d'une société anarchiste authentique. Mais avant de décrire cette société, qu'en est-il des relations entre les *Sons* et l'État ?

Dans la série, la critique de l'État prend deux formes. D'abord l'opposition au pouvoir municipal et à ses projets d'extension économique et sociale de la ville. Ensuite le conflit avec l'ATF, une agence gouvernementale chargée de faire respecter les lois sur l'alcool, le tabac et les armes à feu. Dans les deux cas, SAMCRO refuse de se soumettre à des lois ou à des projets auxquels ils n'ont pas consenti et qui remettraient en cause leur autonomie. Vu de l'intérieur, le fonctionnement du club est celui d'une démocratie directe : chaque membre a une voix et les décisions importantes se prennent au vote, autour d'une table. Même s'il y a un président et un vice-président, ceux-là sont élus : ils ne peuvent — théoriquement — s'opposer à un vote. Apparemment, voilà donc un système qui parvient à articuler simplement la liberté et l'égalité de chacun. À l'usage cependant, les choses sont un peu plus compliquées et il n'est pas certain que ces principes soient applicables... Quelle société peut bien naître de cette triple révolution ? SAMCRO est-il l'exemple de la possibilité ou de l'impossibilité d'une société anarchiste ?

La société anarchiste : rêve ou réalité ?

L'anarchisme n'est pas qu'un combat « contre », c'est aussi un combat « pour ». Au-delà de la critique, c'est aussi une philosophie positive de la liberté et de la prospérité sociale, comme le rappelle Emma Goldman : « *L'anarchisme défend un ordre social fondé sur la libre association des individus qui se réunissent pour produire une réelle prospérité sociale.* » Reste à expliquer la possibilité d'une telle société, ce que fait par exemple Proudhon dans cette lettre :

> « *L'anarchie* [...] *est une forme de gouvernement, ou constitution dans laquelle la conscience publique et privée, formée par le développement de la science du droit, suffit seule au maintien de l'ordre et à la garantie de toutes les libertés* [...]. *Quand la vie politique et l'existence domestique seront identifiées ; quand par la solution des problèmes économiques, les intérêts sociaux et individuels seront en équilibre et solidaires, il est évident que toute contrainte ayant disparu, nous serons en pleine liberté ou anarchie. La loi sociale s'accomplira d'elle-même, sans surveillance, ni commandement par la spontanéité universelle.* »
>
> P. J. Proudhon, « Lettre du 20 août 1864 », in *Justice et Liberté*, PUF, 1962, p. 81.

Centrée sur l'individu, avec la liberté comme valeur suprême, la société anarchiste est une société naturelle et spontanée. L'ordre y règne sans que l'on ait besoin d'un État ou d'une loi car les individus sont bons par nature. Pour Proudhon, dès lors que l'on n'est plus déformé et violenté quotidiennement par la religion, la propriété et l'État, dès lors que toutes ces institutions ont été renversées, l'homme se retrouve enfin pleinement libre et cette liberté signifie aussi une conscience morale qui « *suffit seule au maintien de l'ordre et à la garantie de toutes les libertés* ». La société anarchiste peut donc subsister sans autorité, sans pour autant verser dans le conflit, puisque la liberté de chacun s'accorde naturellement avec la liberté des autres. Le pari est semble-t-il osé et l'on a vite fait de trouver la proposition naïve : des hommes peuvent-ils vivre ensemble sans une autorité pour faire respecter la liberté de chacun ? Ce projet ou cette utopie n'échappe à la naïveté que si l'on comprend qu'il repose sur la vertu naturelle d'une liberté pure de toute contrainte et de toute compromission, comme l'écrit Emma Goldman : « *C'est seulement dans la liberté qu'un homme peut développer toute sa stature, c'est seulement dans la liberté qu'il apprendra à penser, à agir et à donner tout le meilleur de lui-même. C'est seulement dans la liberté qu'il réalisera la vraie force des liens sociaux qui soudent les hommes entre eux et qui sont les véritables fondements d'une vie sociale normale*[1]. » Toute l'équation de base de l'anarchisme est là : les conflits et la violence ne viennent que de ce que l'homme n'est pas pleinement libre. Dès lors qu'il est rendu à sa pleine et entière liberté, les conflits disparaissent et il n'y a plus de raison de recourir à la violence puisque l'on peut tout ce que l'on veut. La logique de l'argument est assez séduisante, reste à en éprouver la réalité. Pourquoi alors ne pas revenir à *Sons of Anarchy* ? L'anarchie selon le SAMCRO tient-elle toutes ses promesses ou n'est-elle qu'un « *dying dream*[2] » comme le pense Hale, le chef adjoint de la police ?

Sons of Anarchy ou la double contradiction de l'anarchie

Comme son titre l'indique, la série *Sons of Anarchy* n'est pas une simple série de bikers californiens : il y est bien question d'anarchisme et d'utopie. Pourtant, au moment où s'ouvre la série, le club emprunte un chemin qui apparaît rapidement en contradiction avec les principes de l'anarchisme. Cette tension constitue le cœur du récit et oppose peu à peu Jax, le vice-président du club et fils du fondateur, à Clay, son beau-père et ancien meilleur ami de son père. Jax découvre en effet un manuscrit rédigé par son père avant de mourir dans lequel il raconte la vision originelle qu'il avait pour le club et la manière dont il a peu à peu dévié. En lisant ces lignes, Jax comprend que le rêve anarchiste de son père, ancien combattant de la guerre du Vietnam, était d'abord un rêve de liberté absolue et de vie tranquille et pacifiée. Aujourd'hui, sous la direction de Clay, le club est

1. Emma Goldman, « Anarchism: what it really stands for », in *Anarchism and other essays*, New York, Mother Earth Publishing Association, 1917, (trad. de l'auteur).
2. « *un rêve moribond* ».

devenu une organisation de hors-la-loi, vivant du trafic d'armes et pris dans la contradiction de l'ordre et du désordre. Clay, précisément, le nouveau président du SAMCRO, cristallise deux contradictions qui mettent à mal les principes fondamentaux de l'anarchisme dont se réclame pourtant le club.

■ La contradiction de la liberté et de l'autorité

Dès le 1er épisode, le principe de la liberté d'association, fondement de la communauté anarchiste, se trouve mis à mal par Clay. Il insiste pour qu'Opie, un membre qui a pourtant décidé de se retirer provisoirement du club, participe à une action de représailles contre le club rival des Mayans. Sous la présidence de Clay, le devoir de loyauté l'emporte sur la liberté de s'associer et le club est de moins en moins libre de toute autorité. Il ressemble de plus en plus à une organisation mafieuse fortement hiérarchisée dont le respect s'exprime plus à l'égard du chef qu'à l'égard de chacun des membres. La dérive autoritaire de Clay progresse d'épisode en épisode jusqu'à l'erreur fatale : la décision d'assassiner Opie. Ici, la première contradiction glisse vers une seconde et Clay montre ainsi que la spontanéité morale dont se réclament les anarchistes n'est pas si évidente.

■ La contradiction de la justice spontanée et de la violence

Décider de tuer Opie sur de simples présomptions, sans preuve aucune de sa trahison et surtout malgré ses dénégations les plus explicites, revient à contredire le principe anarchiste selon lequel la simple conscience morale des individus leur suffit à discerner le bien du mal et à faire disparaître les conflits et les violences illégitimes des relations humaines. N'en déplaise à Proudhon, l'anarchisme selon SAMCRO n'est pas un anarchisme pacifiste. C'est par une gestion calculée de la violence et de la force que le club maintient son autorité sur son territoire et parmi ses membres, contredisant en cela l'idéal anarchiste d'une vie de « *pleine liberté* », libérée du conflit précisément. À ce titre, le fait que le club vive essentiellement d'un vaste trafic d'armes est déjà le signe flagrant qu'il est plus un facteur de violence qu'un facteur de paix sociale. Certes il fait bon vivre à Charming :

les *Sons* protègent les valeurs familiales et la convivialité, organisent des kermesses et empêchent la drogue d'entrer sur le territoire de la commune. Mais ils n'hésitent pas à non plus à faire chanter des notables, ni même à faire travailler des immigrés clandestins, ni enfin à entretenir une guerre des gangs, quitte à donner raison au sens courant de l'anarchie en générant une vie de chaos...

Ainsi, la lecture du manuscrit du père de Jax rythme toute la série et la voix off s'installe comme le contrepoint des situations mises en scène. Formellement, le dispositif place le spectateur dans une position critique par rapport à ce qu'il voit de SAMCRO : les contradictions sont révélées en même temps que sont rappelés les principes de l'héritage anarchiste dont s'inspirait John Teller. L'anarchisme verse facilement dans le désordre et prête donc facilement à caricature, dès lors que l'on n'est plus fidèle à quelques principes, facteurs d'ordre, au premier rang desquels celui du respect absolu de la liberté individuelle. Avant de dériver vers le désordre social, l'anarchisme est le rêve d'un monde qui serait mis en ordre par le simple déploiement des libertés individuelles.

Autrement dit, *Sons of Anarchy* est d'abord une série qui raconte, tout au long de son développement, la difficulté de rester fidèle à un héritage. C'est notamment la relation père/enfant qui est très présente dans la série : Jax est le fils de John et le père d'Abel, Edmond Hayes, le trafiquant d'armes irlandais, travaille avec son fils Cameron, tout comme Ethan Zobelle, le représentant de la Ligue des nationalistes américains, qui utilise sa fille Polly pour parvenir à ses fins...

Avec un peu de recul, il n'est alors pas impossible de voir dans la manière dont cette série met en scène les paradoxes de l'utopie anarchiste une tentative d'interrogation critique de l'héritage américain dans son ensemble. Un héritage dont les deux actifs principaux sont la liberté individuelle et les grands espaces à traverser, actifs dont on fait facilement l'expérience... en tenant le guidon d'une Harley-Davidson !

Références

Titre original	*Sons of Anarchy*
Créée par	Kurt Sutter
Nombre de saisons	3 saisons – 27 épisodes (4e saison en production)
1re diffusion	2008 (États-Unis) sur FX 2009 (France) sur M6
Vidéographie (zone 2)	1 coffret DVD par saison (1 et 2) 20th Century Fox

Y a-t-il des guerres justes ? Étude de cas : *Generation Kill* et la guerre d'Irak[1]...

✓ La guerre, la justice

« *War is the mother fucking answer* »
Caporal Ray Pearson[2] (1×1)

Une fiction du réel au cœur de la question de la guerre juste

Parmi les grandes séries que la chaîne câblée américaine HBO a produites ces dernières années telles que *Les Soprano*, *Six Feet Under*, *Band of Brothers*, *Deadwood*, *The Wire* ou plus récemment *True Blood*, il y a une mini-série, *Generation Kill*, nettement moins connue que les autres et qui est pourtant un petit chef-d'œuvre. Créée en 2008 par David Simon et Ed Burns, les créateurs des séries *The Corner* et *The Wire*, elle décrit les 21 jours de la 2e invasion de l'Irak par les Américains en mars et avril 2003.

---

1. Ce chapitre est une version remaniée et adaptée d'une communication que j'ai donnée dans le cadre de la journée d'étude : *Les séries HBO, portrait d'une Amérique en crises : enjeux moraux, historiques, esthétiques*, organisée par Marjolaine Boutet (HPCP, IEP Paris) et Sandra Laugier (CURAPP UMR 6054, université de Picardie) et qui s'est tenue le 8 juin 2010 à la Résidence Lucien Paye de la Cité internationale universitaire de Paris.
2. « *La guerre est la putain de réponse* ».

Durant sept épisodes d'environ une heure chacun, le spectateur suit une unité de reconnaissance des marines au plus près des différentes missions qui rythment leur parcours d'invasion de l'Irak. Mais on assiste surtout à la progressive prise de conscience de la part de ces soldats, pourtant excellents professionnels, de l'absurdité du combat qu'on leur demande de livrer.

Generation Kill est l'adaptation pour la télévision du récit éponyme du journaliste Evan Wright qui fut journaliste *embedded* — c'est-à-dire embarqué pour plusieurs semaines — dans cette unité de reconnaissance pendant les premières semaines de l'invasion. Elle est donc une fiction au plus proche du documentaire puisque tous les personnages sont réels (il y a même un marine, Rudy Reyes, qui joue son propre rôle, tandis qu'un autre, Eric Koch, est le conseiller militaire de la série), et l'esthétique est résolument réaliste : le fond sonore n'est constitué que par la transcription des communications radio et il n'y a pas de musique, si ce n'est les chansons chantées par les marines eux-mêmes et l'exception de la dernière scène. La focalisation du récit est interne : on ne sait rien de plus de la situation ou du contexte que ce que les personnages en savent. Il n'y a aucune censure dans la transcription des dialogues entre marines, ni dans les images de civils tués ou dans celles des erreurs militaires...

Generation Kill raconte les débuts d'une guerre dont on se demande encore aujourd'hui si elle pourra s'achever un jour. Son esthétique particulière plonge le spectateur dans un ensemble de faits et d'expériences caractéristiques de la guerre, lui permettant ainsi de former son jugement sur la difficile question de l'évaluation morale de la guerre. En fait l'interrogation est double : générale et particulière. D'un point de vue général d'abord : la guerre est-elle une affaire morale ou bien doit-elle se situer en deçà ou au-delà de la moralité ? D'un point de vue particulier ensuite : si la guerre est une affaire morale, qu'en est-il de la guerre d'Irak ? Est-elle juste ou injuste ?

La guerre est-elle une affaire morale ?

Difficile de faire le récit de la guerre en Irak indépendamment de toute référence au discours de justification dont elle a fait l'objet de la part de l'administration Bush. Ce discours peut être synthétiquement reconstruit autour de trois arguments principaux :

1. L'invasion de l'Irak et le renversement de Saddam Hussein sont justes parce que l'Irak détient des armes de destruction massive et que cela présente une menace intolérable pour les États-Unis mais aussi pour tous les pays libres du monde. Argument de la guerre préventive.

2. L'invasion de l'Irak et le renversement de Saddam Hussein sont justes parce que l'Irak abrite et soutient des terroristes liés à al-Qaida et qu'al-Qaida fait partie des agresseurs incontestables des intérêts américains depuis le 11 septembre 2001. Argument de la guerre de légitime défense.

3. L'invasion de l'Irak et le renversement de Saddam Hussein sont justes parce qu'il s'agit de libérer un peuple d'une dictature insoutenable qui a massacré sa propre population, soit directement dans le cas de la minorité chiite, soit indirectement en ne faisant rien pour faire cesser l'embargo qui affamait la population. Argument de la guerre au nom des droits de l'homme, dite encore guerre d'ingérence.

Chacun de ces trois arguments emprunte le vocabulaire et les arguments de la doctrine classique de la guerre juste. Et cela est plutôt compréhensible car, comme le remarque le philosophe américain Michael Walzer, dont le livre *Guerres justes et injustes* est la référence essentielle sur la question : « *Aucun dirigeant politique ne peut envoyer des soldats au combat en leur demandant de risquer leur vie et de tuer d'autres individus sans les assurer de la justice et de leur cause et de l'injustice de celle de leurs ennemis*[1]. » La guerre préventive, la guerre de légitime défense ou la guerre d'ingérence sont des catégories autour desquelles les philosophes et les juristes tentent de s'accorder depuis des centaines d'années. Mais il reste que pour pouvoir discuter de la justice ou de l'injustice d'une guerre, c'est-

1. Michael Walzer, *Guerres justes et injustes*, © Belin, 1999, Folio essais, 2006, p. 10.

à-dire défendre une guerre en affirmant qu'elle est juste, ou au contraire s'y opposer au nom de son injustice, cela suppose déjà que la guerre soit une affaire morale. Or, précisément, la guerre n'est-elle pas inaccessible à toute appréciation morale ? N'est-elle pas qu'un déchaînement de violence, soumis à la pression des circonstances, au cours duquel les hommes ne peuvent rien vouloir ni choisir librement, si ce n'est sauver leur peau ? Comme le dit la formule : *inter arma silent leges* – en temps de guerre les lois sont muettes – la guerre n'est-elle pas justement ce moment où cesse toute moralité ? Si c'est le cas, il est alors absurde de vouloir qualifier de juste ou d'injuste tel ou tel conflit. Deux doctrines philosophiques se retrouvent autour de cette idée que la guerre n'est pas une affaire morale, mais dans deux perspectives radicalement différentes :

1. Le réalisme considère précisément que la guerre ne peut pas faire l'objet d'une évaluation morale. C'est une réalité nécessaire de l'expérience humaine qui se déploie sous le poids des circonstances et de la nécessité. La guerre est un phénomène naturel intrinsèquement lié à l'existence de l'homme dans le monde.

2. Le pacifisme de son côté considère que dans tous les cas la guerre est injustifiable et qu'elle ne peut à ce titre faire l'objet d'une appréciation morale.

Quand il s'agit au contraire de défendre l'idée selon laquelle la guerre peut faire l'objet d'une appréciation morale et être qualifiée de juste ou d'injuste, il faut donc commencer par éliminer ces deux options : le réalisme et le pacifisme. Dès le 1er épisode, *Generation Kill* élimine cette alternative et, en sept épisodes, la série ouvre alors pour le spectateur le champ d'une investigation morale singulière sur la justice de la guerre.

La mise en scène d'une guerre injuste

Generation Kill met en place tout un dispositif narratif et esthétique pour créer les conditions d'une appréciation morale de la guerre à partir du récit qu'elle en propose. Cela passe d'abord par un épisode inaugural dans lequel les deux options théoriques que sont le réalisme et le pacifisme se trouvent éliminées.

■ L'élimination du réalisme et du pacifisme : épisode 1 (« Get Some »)

La série commence par deux séquences significatives. Les premières images sont celles d'un entraînement en plein désert. On ne comprend pas grand-chose au départ, si ce n'est que des soldats professionnels sont en train de faire leur métier. Une scène de cantonnement ensuite, au cours de laquelle a lieu une distribution de courrier. Scène typique s'il en est du film de guerre. Parmi les lettres des familles ou des proches, il y a des lettres d'écoliers et d'étudiants américains qui écrivent aux militaires pour témoigner de leur soutien. Deux lettres sortent du lot et sont lues par un groupe de marines. La lettre d'une écolière d'abord : « *Dear Mister Army men, I'm proud that you're being brave to defend our country against the terrorists. They are bad and I'm glad that you are going to catch them and to punish them. I'm glad you are so brave and I'm praying for you*[1]. » En reprenant ici l'argument de la lutte contre le terrorisme par la bouche d'une petite fille et en lui faisant poser un jugement moral sur les terroristes qui méritent une punition, la série élimine d'emblée l'hypothèse réaliste : la guerre n'est pas le résultat nécessaire de circonstances, mais le résultat d'une volonté de justice, suffisamment évidente et reconnaissable pour qu'elle soit reprise à son compte par une petite fille, dans toute l'innocence de son jugement.

Vient après la lettre d'un étudiant : « *Mais peut-être que vous pourrez rentrer sans avoir à vous battre, la paix ça vaut toujours mieux et ce serait bien que personne ne soit blessé.* » Avec cette deuxième lettre, c'est clairement l'hypothèse pacifiste qui est avancée… et qui s'attire une réponse sans appel de la part de Ray Pearson, la « très grande gueule » de l'unité : « *Peace sucks a hairy ass hole Freddy… War is the mother fucking*

1. *« Cher Monsieur le Soldat, je suis fière que vous ayez le courage de défendre notre pays contre les terroristes. Ils sont méchants et je suis contente que vous allez les attraper et les punir. Je suis bien contente que vous ayez autant de courage et je prie pour vous ».*

answer[1]. » Certes il y a de l'outrance dans cette réponse mais il faut bien comprendre qu'elle est le fait d'un soldat professionnel. Et elle dit bien aussi que la guerre est une solution qui ne peut être rejetée absolument comme le souhaiterait cet étudiant pacifiste.

Dès les premières minutes, le spectateur apprend donc deux données importantes qui constituent en quelque sorte le pacte de lecture de la série :

– les marines sont décrits comme des professionnels de la guerre, des soldats de métier à la recherche de l'efficacité dans leur mission ;

– pour autant leur travail n'est pas neutre : quand ils sont envoyés en mission, les raisons et les conséquences de cette mission sont moralement évaluables. Elles peuvent faire l'objet d'un jugement moral.

Tel est donc l'enjeu de départ : bien que ces soldats soient des professionnels, l'évaluation de leur action ne se réduit pas à l'évaluation de l'efficacité de leurs méthodes ou de leurs compétences. Parce que ce sont des soldats et que leur métier est de faire la guerre, il y a aussi de la place pour une évaluation morale.

Il reste alors à comprendre comment le spectateur se trouve lui-même *embarqué* dans cette série, et invité à tout observer afin d'instruire son jugement. Pour cela, il faut suivre au sein de l'unité l'arrivée du personnage d'Evan Wright, le reporter.

■ Du reporter au spectateur : un regard embarqué

Generation Kill met précisément en scène l'arrivée d'un journaliste au sein d'une unité de marines puis ce même journaliste en train de faire son travail : prendre des photos, prendre des notes, poser des questions… Autrement dit, elle montre aussi le travail de documentation en train de se faire. *Generation Kill* n'est donc pas seulement un récit de guerre dont les péripéties et les enjeux stratégiques constitueraient directement les

1. « *La paix est une véritable salope qui pue, Freddy… La guerre est la putain de réponse.* »

rebondissements narratifs. Cette série est surtout un récit dans lequel la guerre est l'objet d'une observation par le journaliste mais aussi par ceux qui la font : un des marines filme en permanence, un autre tient son journal. À ce titre, il faut insister sur le fait que les marines en question sont des marines de reconnaissance, c'est-à-dire des professionnels de l'observation et du renseignement. Le combat pur n'est pas la seule raison d'être de tels soldats, mais la reconnaissance (ils se plaignent d'ailleurs souvent d'être envoyés combattre parce qu'ils sont en première ligne, alors que leur travail est d'être en première ligne pour observer). Ainsi le dénouement n'est pas constitué par un événement militaire : une victoire, une défaite, la mort de quelques-unes ou l'accomplissement de la mission... mais par une scène magistrale dans laquelle aucun marine ne parvient plus à regarder la guerre qu'il vient de faire, puisque tous quittent la salle du cantonnement dans laquelle le marine qui a filmé l'invasion projette son film.

Du coup, la position du spectateur change. Il n'est plus extérieur au récit qu'il observe, mais directement embarqué, *embedded* lui aussi, dans cette invasion. L'arrivée du journaliste et son embarquement dans la section du sergent Brad « Iceman » Colbert signifie l'intégration d'un regard civil extérieur au sein d'une unité de professionnels. En tant que « reporter », il est spectateur néophyte de cette invasion, il est le personnage qui permet à tous les spectateurs de la série d'être impliqués dans cette observation. Ou, pour le dire autrement, être le spectateur de cette série revient à en être un de ses personnages à savoir, précisément, celui qui observe : le reporter[1]. Ce dispositif est le ressort principal de l'implication du téléspectateur dans la série et une des conditions essentielles à travers laquelle elle enrichit le jugement du téléspectateur par une expérience inédite. D'autant que le reporter est un personnage très silencieux : il parle peu mais observe tout. Cette invitation trouve sa formulation dans une réplique ciselée qui a un peu valeur de devise pour ces marines de reconnaissance : « *Observe everything, admire nothing*[2]. »

1. On peut noter ici que parmi un casting d'acteurs relativement peu connus en 2008, le reporter joué par Lee Tergesen, l'acteur qui jouait l'avocat Tobias Beecher dans la série *Oz*, est un des rares acteurs bien connu du téléspectateur de HBO, facilitant ainsi le mécanisme de l'implication.

2. « *Observez tout, n'admirez rien* ».

Une fois ce dispositif mis en place, la série suit son cours en livrant au spectateur *embedded* des expériences destinées à alimenter son appréciation sur la justice ou l'injustice de cette guerre. Les scènes qu'il observe sont comme les faits qui viennent tester les justifications théoriques qu'il a entendues dans les médias et dont les soldats se font l'écho dans leurs conversations. La série engage alors un véritable travail critique pour le spectateur en lui permettant de mesurer la cohérence des discours et en lui donnant la possibilité de former un jugement qui retrouve les principes de la doctrine classique de la guerre juste.

La théorie classique de la guerre juste

Retrouvons Michael Walzer pour une présentation synthétique de cette doctrine de la guerre juste :

> « *Il y a deux aspects à la réalité morale de la guerre. La guerre est toujours jugée deux fois, tout d'abord en considérant les raisons qu'ont les États de faire la guerre, ensuite en considérant les moyens qu'ils adoptent. Le premier jugement implique un qualificatif : nous disons que telle guerre est juste ou injuste. Le second jugement concerne la modalité de la guerre : nous disons qu'elle est menée justement ou injustement. Les chroniqueurs médiévaux exprimaient cette différence par l'usage d'une préposition ; ils distinguaient le* jus ad bellum, *la justice dans la guerre, du* jus in bello, *la justice durant la guerre. Ces distinctions grammaticales révèlent des questions d'une grande importance. Le* jus ad bellum *nous oblige à formuler des jugements sur l'agression et la légitime défense ; le* jus in bello, *des jugements sur le respect ou la violation des règles de l'engagement, selon le droit coutumier et positif. Les deux types de jugements sont logiquement indépendants. Il est tout à fait possible de mener de manière injuste une guerre juste ou au contraire de se lancer dans une guerre injuste tout en suivant strictement les règles. Mais une telle séparation reste néanmoins déroutante, même si la vision que nous avons de certaines guerres s'accorde avec sa logique. Commettre une agression est un crime, mais la guerre d'agression est une activité régie par des règles. Il est juste de résister à une agression, mais cette résistance est soumise à des restrictions morales et légales. La*

dualité du jus ad bellum *et du* jus in bello *est au cœur de ce qui est le plus problématique dans la réalité morale de la guerre.* »

Michael Walzer, *Guerres justes et injustes*, © Belin, 1999, Folio essais, 2006, pp. 77-78.

La réflexion sur la guerre juste commence dès l'Antiquité avec le philosophe romain Cicéron. Dans son *Traité des devoirs*, il identifie deux causes justes pour faire la guerre : la réponse à une invasion ennemie ou la vengeance d'un tort subi, ce que Walzer appelle ici la guerre de légitime défense. Du coup et à l'opposé, la guerre d'agression est devenue le modèle de la guerre injuste. Comme le remarque ensuite Walzer, la doctrine se précise au Moyen Âge, sous l'impulsion notamment de saint Thomas, autour d'une distinction essentielle entre la justice des fins de la guerre (le *jus ad Bellum)* et la justice des moyens de la guerre (le *jus in bello*). Dans le premier cas, une guerre juste est une guerre qui a été déclarée pour une cause juste : répondre à une invasion par exemple. Dans le second cas, une guerre juste est une guerre qui est menée de manière à respecter un certain nombre de règles de droit plus ou moins écrites : distinguer entre combattants et non-combattants par exemple.

Ces deux questions, qu'elles soient articulées ou non, constituent donc le cœur de la doctrine classique de la guerre juste. Un peu plus loin dans son livre, Walzer identifie plus précisément les principes formels d'une guerre juste :

– une guerre est juste quand elle procède d'une cause juste et qu'elle est déclarée par une autorité compétente. Il faut aussi avoir épuisé toutes les autres alternatives et avoir, par ce moyen, des chances raisonnables de succès ;

– enfin une guerre est menée de manière juste quand le combat respecte le principe de distinction entre les combattants et les non-combattants et quand la riposte est proportionnée à l'attaque de manière à minimiser autant que possible les effets collatéraux de la violence.

La difficulté consiste bien sûr à définir précisément le contenu de ces principes : dire ce que sont les causes justes, ce qu'est une autorité compétente ou bien ce qu'est un combattant et une riposte proportionnée. *Generation Kill* ne donne pas de contenu précis à ces principes mais elle propose un ensemble de séquences qui déconstruisent la manière dont ces principes ont été définis par l'administration Bush ou par la hiérarchie militaire pour justifier l'invasion de l'Irak. Ce faisant, elle plaide pour une double injustice de cette guerre : injustice de la fin et injustice des moyens.

La double injustice de la guerre d'Irak

■ L'injustice de la fin

Il y avait trois arguments pour justifier l'invasion de l'Irak : la guerre préventive contre les armes de destruction massive, la guerre de riposte contre l'agression terroriste, la guerre humanitaire pour sauver la population irakienne. Sans moralisme ni démonstration caricaturale, chacun de ces trois arguments se trouve déconstruit au long des sept épisodes de la série.

Déconstruction de l'argument humanitaire

Dès la fin du 1er épisode, dans sa dernière séquence, les marines tombent sur un groupe d'hommes marchant dans le désert le long d'une voie ferrée. Après un interrogatoire, ils apprennent que ce sont des déserteurs de l'armée irakienne qui ne veulent pas combattre et qui fuient la garde républicaine et les escadrons de la mort. Ils vont au-devant des Américains pour se placer sous leur protection. Sauf que la hiérarchie, en la personne du colonel Ferrando, refuse de les prendre en charge. On assiste alors à l'échange suivant :

Ferrando : « *On ne va pas s'occuper de ces déserteurs... renvoyez-les d'où ils viennent.* »

Doc Bryan : « *C'est le premier contact des Irakiens avec des Américains... et on les trompe.* »

L'épisode s'achève sur cette file d'hommes dans le désert, sur les regards interrogatifs des marines et sur le départ de la file d'Humwee, transformant ainsi le temps d'attente de l'épisode suivant en temps de la réflexion critique.

Déconstruction de l'argument de la guerre contre le terrorisme

Au cours du 5e épisode, les hommes de la section du sergent Colbert découvrent des cadavres de combattants arabes dans les roseaux au bord d'une rivière. Ils les fouillent et trouvent sur l'un deux un passeport syrien sur lequel est écrit comme raison de la présence en Irak « djihad » et comme date d'entrée en Irak une date d'il y a à peine 15 jours. Ce qui inspire la remarque suivante au lieutenant Ficke : « *Est-ce que ce n'est pas exactement le contraire de ce que l'on voulait au départ ? C'était écrit noir sur blanc sur le passeport de ce type, il y a deux semaines avant qu'on débarque ce type là était étudiant en Syrie, le djihad il s'en foutait.* » Par où l'on comprend que c'est la décision américaine de lancer l'offensive qui est récupérée par les organisations terroristes comme argument pour mobiliser des combattants et non l'inverse. Le djihad en Irak ne préexistait pas à l'invasion américaine. Envahir l'Irak au nom de la lutte contre le terrorisme est donc bien une fausse raison.

Déconstruction de l'argument de la guerre préventive contre les armes de destruction massive

À la fin de l'épisode 6, l'ordre est donné de partir pour la mission finale : la capitale, Bagdad. Conjointement, l'injonction est donnée de retirer les combinaisons de protection contre les agents chimiques. Le reporter sort de sa réserve pour s'en étonner : « *Non mais c'est vrai, si on ne porte plus nos combinaisons, ça veut dire qu'il n'y a plus d'armes de destructions massives... et si il n'y a pas d'armes de destruction massives, j'aimerai qu'on m'explique ce que l'on vient faire ici* [...] *je déconne pas Ray, est-ce que ce n'est pas la raison de notre présence ici ?* » La question ne trouve pas vraiment de réponse. L'épisode s'achève se termine et le spectateur se retrouve encore une fois face à une question, en attendant l'épisode suivant.

Les exemples pourraient être multipliés. Les séquences montrent à chaque fois la contradiction dans laquelle se retrouvent les soldats, professionnels mal employés, qui continuent de risquer leur vie en même temps qu'ils comprennent que les justifications avancées ne résistent pas à l'expérience des faits. Il reste enfin à montrer toute la complexité des principes du juste combat ou du bien combattre. Sur ce point, la série ne déconstruit pas chaque règle mais montre plutôt la difficulté d'appliquer des règles du combat juste, dans des circonstances de guerre.

■ L'injustice des moyens

La difficulté de la distinction entre combattants et non-combattants

Dans les guerres modernes, chaque mission comporte des buts bien précis et en même temps des règles d'engagements bien strictes. Par « règles d'engagement », on entend les autorisations d'ouvrir le feu et la définition des cibles. La difficulté c'est que ces règles ne peuvent pas être définies *a priori* mais doivent, pour espérer être justes, être adaptées en permanence à la particularité de la situation.

Dans l'épisode 5, la section de Colbert observe un petit hameau, après qu'ils ont subi des tirs de mortier, pour essayer de savoir si les tirs viennent de ce village. À l'image, on ne voit que des femmes et des enfants puis soudain un missile tiré d'un avion fait exploser tout le village... Les marines s'indignent et protestent. Le sergent Colbert répond : « *On peut pas être sûr... Ce n'est pas moi qui ai donné l'idée à l'ennemi de se fondre parmi la population et de les utiliser comme boucliers humains...* »

La difficulté de proportionner la riposte

Toujours dans l'épisode 5, les deux sections de la compagnie ont subi un accrochage nocturne au cours duquel deux marines ont été blessés légèrement, à proximité d'une petite ville. Le lendemain matin, les deux sections traversent la ville en ruine et Ray fait remarquer : « *C'est ouf ça, on a un de nos gars qui s'est pris une balle dans le pied et un autre de nos gars qui s'est pris un éclat d'obus dans la cuisse et nous on leur a rasé la moitié de la ville.* » Entre-temps, l'aviation a été envoyée bombarder la ville.

De ce point de vue, le dernier épisode, intitulé *A bomb in the garden*, est particulièrement significatif puisqu'il voit les marines confrontés à la difficulté du maintien de l'ordre dans une ville proche de Bagdad. À l'occasion d'une patrouille, le sergent Colbert est appelé par une famille irakienne pour déminer une bombe tombée dans leur jardin. Colbert se met au travail mais reçoit l'ordre d'arrêter car c'est trop dangereux. Ils repartent donc en laissant cette bombe dans le jardin... comme symbole d'une invasion dont les véritables proportions ne seront mesurées que plus tard.

Voilà donc encore deux exemples qui attestent la difficulté de bien combattre ou de combattre justement. Le signe indéniable de cette difficulté est la remise en cause par les marines de leur propre hiérarchie. Plus la série avance, plus les paroles se délient et les ordres remis en cause. C'est donc la manière dont la guerre est conduite par les officiers responsables qui est contestée. C'est le sens d'une des séquences de la fin de la série : la discussion entre le reporter et le colonel Ferrando au sujet des écarts et des incompétences du capitaine McGraw, dont le surnom, « Captain America », en fait un cas symbolique.

De l'intérêt moral de regarder *Generation Kill*

Plus encore que la guerre du Golfe, la guerre d'Irak et ses combattants sont l'objet de nombreux films ou séries qui laissent penser qu'elle occupe ou qu'elle occupera, sur le plan de la fiction audiovisuelle, une place comparable à la guerre du Vietnam. Quelques indications en ce sens : il y a les films de Brian de Palma (*Redacted*), d'Oliver Stone (*W*), de Paul Haggis (*Dans la vallée d'Elah*) ou plus récemment de Katheryn Bigelow (*Démineurs*), pour n'en citer que quelques-uns. Dans les séries, on trouve notamment *Over there* ou *American Wives. Generation Kill* contribue bien sûr à cette mise en image de la guerre d'Irak mais contribue aussi à une certaine forme d'instruction morale de celui qui regarde cette série, sur la question précise de l'évaluation morale de la guerre.

Quel enseignement tirer ? Certes, comme le reconnaît Michael Walzer, il n'est pas certain que la réflexion sur les principes d'une guerre juste ait une influence directe sur la conduite d'un conflit. En revanche, on peut attendre de cette réflexion une influence sur la manière dont l'opinion publique juge d'un conflit et, de ce fait, sur la manière dont se comporteront les futurs soldats. Car si la guerre est la continuation de la politique, la culture militaire n'est alors que le prolongement de la culture politique.

Et c'est peut-être là un des enjeux essentiels de *Generation Kill* en tant que série : rendre encore plus accessible que ne le faisait le livre, eu égard à la place qu'occupe la télévision aujourd'hui, cet enrichissement de la culture militaire et donc de la culture politique de l'opinion. De la sorte, on peut espérer que l'histoire de ces marines envoyés en Irak ne sera pas seulement l'histoire d'une génération sacrifiée, comme le titre *Generation Kill* peut aussi le laisser entendre.

Références

Titre original	*Generation Kill*
Créée par	David Simon et Ed Burns
Nombre de saisons	1 saison – 7 épisodes
1re diffusion	2008 (États-Unis) sur HBO 2008 (France) sur Orange cinémax puis 2010 sur NT1
Vidéographie (zone 2)	1 coffret DVD Warner Home Video

Season Finale

Philosophie et culture de masse

Il y a, en France, un mystère de la philosophie. Cette discipline universitaire exigeante, technique et parfois austère sait pourtant se muer en pratique joyeuse et s'investir dans la culture populaire. Elle a ses festivals, ses cafés, ses ateliers, son magazine, ses émissions de télévision, ses succès de librairie, ses stars et même sa nuit parisienne. Elle est la seule matière scolaire dont les sujets de bac font l'ouverture du journal de 20 heures. Pas un débat médiatique qui ne donne la parole à un philosophe plus ou moins spécialiste de la question. Pas un titre de la presse, quotidienne ou hebdomadaire, qui, sous une forme ou une autre, mette régulièrement la philosophie à la une. En France, la philosophie reste un secteur dynamique et performant de recherche intellectuelle tout en étant capable de se décliner en un ensemble de pratiques populaires et sans pourtant que cette popularité ne la dégrade en une philosophie de comptoir.

Cette double orientation de la philosophie est une chance. La place qu'elle occupe dans la culture populaire est sa meilleure protection contre tout ce qui la menace, et les plus frileux ou les plus critiques à l'égard de cette philosophie populaire, ceux notamment qui l'accusent de démagogie, de travestissement médiatique ou d'insuffisance conceptuelle, doivent prendre bien garde qu'en dénigrant cette popularité au nom d'une philosophie « sérieuse », académique et pour tout dire élitiste, ils se condamnent à une disparition rapide.

Plutôt que de l'ignorer ou de la regretter, il faut renouveler constamment cette philosophie populaire en y intégrant les dernières évolutions de la recherche philosophique et en partant à la conquête de nouveaux territoires de pensée. De ce point de vue, la culture de masse, celle qui aujourd'hui est la plus populaire au sens où elle est celle du plus grand nombre, est un territoire à investir avec appétit et enthousiasme. Faire la fine bouche, refuser de s'intéresser à telle ou telle production au prétexte qu'elle a été produite par une industrie du divertissement ou au prétexte qu'elle a du succès, c'est, en fait, faire preuve du snobisme et du mépris le plus consommé. La philosophie n'est pas là pour donner des leçons, pour construire des critères qui se traduiraient en hiérarchie sociale ou pour se repaître solitairement d'un savoir jalousement gardé. Au contraire, elle est essentiellement une activité critique qui intervient pour questionner ce qui est tenu pour vrai, déconstruire ce qui est établi et tirer de tout cela un savoir mesuré et une conscience ouverte, à partager avec le plus grand nombre.

La culture de masse concentre de très nombreuses pratiques et produit de manière industrielle de la musique, des images, des jeux, des récits, des spectacles, des univers et des héros qui constituent l'environnement quotidien de nos sociétés modernes. Tous ces objets véhiculent des mythes et des valeurs qui structurent durablement l'imaginaire et à travers lesquels de très nombreuses personnes se divertissent, s'impliquent, tissent des liens avec les autres et construisent peu à peu une subjectivité. La culture de masse, comme toute culture, est le lieu d'une formation de soi et d'une communication sociale. Comment pourrait-on l'ignorer ? Comment pourrait-on décider, avant même de prendre le temps de l'analyser et de la questionner, qu'elle est de moindre qualité ?

Avec cette philosophie en séries, pendant deux saisons, nous avons tenté de réconcilier la culture de masse et la culture académique, sans jamais perdre le fil d'une authentique philosophie populaire : libre de choisir les objets de sa réflexion, soucieuse de s'adresser au plus grand nombre et déterminée à questionner ce que l'on voit ou ce que l'on répète trop souvent sans prendre le temps de le comprendre.

Bibliographie et sitographie sur les séries

Livres

Boutet M., *Les Séries télé pour les nuls*, First édition, 2009, 348 p.

Carrazé A., *Les Séries télé*, Hachette, coll. « Pratique », 2007, 288 p.

Colonna V., *L'Art des séries télé ou Comment surpasser les Américains*, Payot, 2010, 370 p.

Esquenazi J.-P., *Les Séries télévisées : l'avenir du cinéma ?*, Armand Colin, 2010, 224 p.

Winckler M., *Les Miroirs de la vie*, Le Passage, 2002, 336 p.

–, *Les Miroirs obscurs*, Au diable vauvert, 2005, 470 p.

Revues

Générique(s)

Cahiers du cinéma, « Séries l'âge d'or », n° 581, juillet-août 2003.

–, « Séries, une passion américaine », n° 658, juillet-août 2010.

Médiamorphoses, « Les Raisons d'aimer… les séries télés », hors-série, janvier 2007, Inathèque de France & Armand Colin, numéro dirigé par É. Maigret et G. Soulez.

Raison publique, dossier « L'Œil des séries télévisées américaines », n° 11, décembre 2009.

Sites web

http://seriestv.blog.lemonde.fr

http://blog.slate.fr/tetes-de-series

http://www.analysesenseries.com

http://www.critictoo.com

Index des notions philosophiques étudiées

La bêtise, le pouvoir et le rire 17

Le destin et la liberté 27

Le genre, l'ordre social 37

L'éducation 47

Les échanges 57

L'humanité, autrui, la morale 67

L'éthique et la politique 77

L'honneur, la liberté et l'égalité 89

L'éthique du care 99

La liberté 109

L'anarchie, l'État, la liberté 119

La guerre, la justice 131

Index des séries étudiées

À la Maison Blanche 77

Braquo 89

Fais pas ci, fais pas ça 47

Generation Kill 131

Kaamelott 17

Lost 27

Mad Men 37

Nurse Jackie 99

Pigalle, la nuit 57

Sons of Anarchy 119

True Blood 67

Un Village français 109

CPi
AUBIN IMPRIMEUR

Achevé d'imprimer en novembre 2010
N° d'impression L 74142
Dépôt légal novembre 2010
Imprimé en France